まんがでわかる レイキの教室

オーラレイキアカデミー校長 青木克行 著　みをまこと まんが

イースト・プレス

プロローグ
私 篠原茜《しのはらあかね》は 絶世の美女とは 言えないまでも
そこそこの 美貌と スタイルには 多少 自信あり
今 私は35歳 花の独身 まっ盛り！
仕事は 輸入品の 家具や 食器を 扱っていて
誰もが 憧れる キャリア ウーマン
かっこいい 彼氏もいて
人生は 順風満帆の はずだった

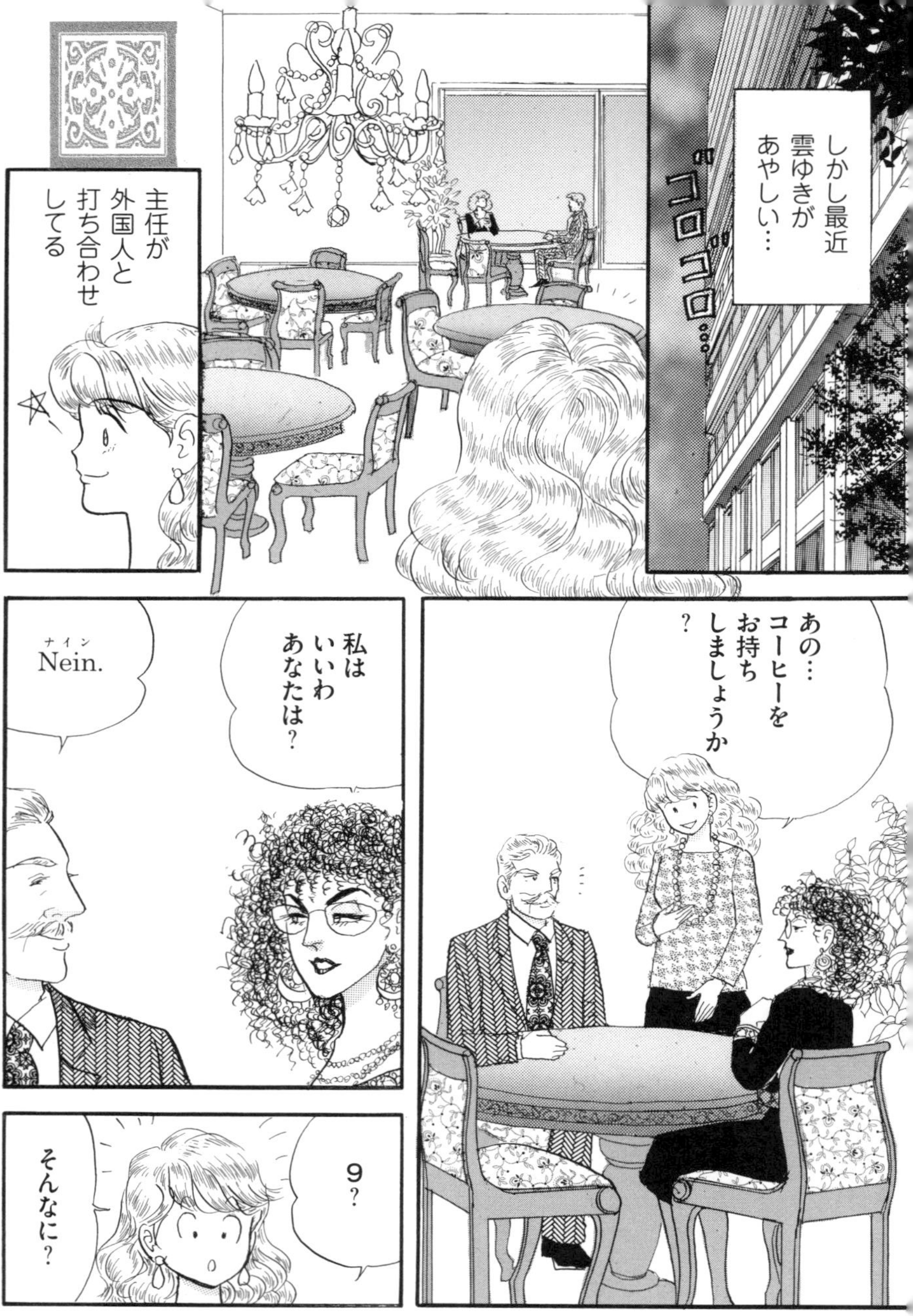
しかし最近
雲ゆきが
あやしい…
ゴロゴロ…
主任が
外国人と
打ち合わせ
してる
あの…
コーヒーを
お持ち
しましょうか?
私は
いいわ
あなたは?
Nein《ナイン》.
9?
そんなに?

よっぽど
コーヒーが
好きなんだな…
コポコポ…
コポ
お待たせしました
コーヒー9杯です
トン
……
え
何？
この
気まずい
雰囲気…
ちょっと
こっち来て！
何やってるの
彼はさっき
ドイツ語で
ノーと
言ったのよ
あなたには
常識ってものが
ないの？
恥かいたわ
カーッ

この話で
私は社内の
笑い者と
なった
ほら
あの人よ
コーヒー
9杯の人
いやだ
マジ？
ギロ
ガルル…
きゃっ
こわ…
他人の不幸は
蜜の味ってか？
くそっ
あいつら
根性悪いわね
もう
つきあうの
やめよう
そのうえ…
クリスタル
フェア
運気アップや
恋愛運アップに
いかがですか？
最高級品
ですよ
へえ…

そういえば今日の占いで乙女座のラッキーアイテムはクリスタルとあったっけ
毎日占いは必ずチェックしてる
ちょっと高いけど最近いいことないし
私の美しさをひきたてるわね
みんなもらうわカードでいいわね
J CARD
はい
数日後
カード犯罪続出！スキミングに注意
カード犯罪？やられるほうもドジよね
ん？
請求書
ガ〜ン
私もやられたあ！
むごい…
すってんてん…
バタッ

そして最近職場の仲間が次々と結婚していく
ふーん…
あんな相手で満足できるんだすごいわ！
結婚かあ…
私もそろそろ年貢の納めどきするかな
結婚してあげてもいいわよって言ったら彼どんな顔するかしら？
うふっ
別れよう
他に好きな人ができた
は？

今から彼女とデートなんだ
じゃあね
ヒュ～
ガク
何よこれ…
何で私がこんな目にあうわけ？
あんまりじゃない
今や私の人生がけっぷち！
お先まっ暗五里霧中！
誰か！
Help!

はじめに

世界一わかりやすいレイキの本

◆あのハリウッド・セレブも絶賛！

みなさん、こんにちは。青《あお》木《き》克行《かつゆき》と申します。

突然ですが、「レイキ」って聞いたことありますか？

ひとことで説明すると、**目に見えない「気」を活用した、日本生まれのヒーリング法**です。

「元気」「気持ち」「人気」「運気」という言葉があるように、私たちの人生には見えない「気」の力が大きく影響しています。しかしこの事実を、主人公の茜《あかね》さんは気づいていませんでした。そのため運気の変化を見落とし、ネガティブ・スパイラルにはまってしまったのですね。

実はレイキは、日本よりも海外でよく知られており、現在、なんと**世界五〇〇万人以上の人々が実践している**と言われています。文化、宗教、言語の違う人々に、国境を越えて愛されているのです。

米国では、代替療法としてレイキを本格的にとり入れた病院があったり、英国やカナダでは、レイキに医療保険が適用されていたりするなど、医療の分野でも大きくとり入れられています。

また、**ハリウッド・セレブたちの間でも、レイキが流行している**そうです。アンジェリーナ・ジョリー、ニコール・キッドマン、サンドラ・ブロック、デミ・ムーア、オーランド・ブルーム、ミランダ・カーなど、みなさんも知っている一流セレブたちが、ひそかにレイキの力を活用しているのです。

中でも歌手のクリスティーナ・アギレラは、

「レイキのおかげで二〇キロのダイエットに成功した」

と告白しており、そのニュースはメディアでも大きくとり上げられました。レイキは女性の美容や、ダイエットなどにも効果があるのです。

レイキがすごいのは、身体面への効果だけではありません。夢や願望をかなえる力だってあるのです。

近年、「引き寄せの法則」が世界中で話題となっています。ところがレイキはおよそ一〇〇年前、大正時代から、「招福《しょうふく》の秘法」としてその効果が知られていました。

「類は友を呼ぶ」という言葉があります。出会い、お金、仕事など、日常のあらゆることは、あなたの「気」によって引き寄せられています。レイキでその「気」を高めることで、あらゆる「福《いいこと》」が舞い込むようになるのです。

◆レイキは日本が誇る「伝統技法」だ

このように、世界中で愛されているレイキですが、発祥の地である日本では、なぜかまだまだ知らない人が多いのが現実です。

「なんだか怪しい」

「宗教じゃないの？」

そんなふうに思っている方もいるかもしれません。

私は、**レイキは日本が世界に誇る「伝統技法」**だと思っています。それなのに、日本人だけが知らないなんて……本当に残念でなりません。

そこで、ひとりでも多くの方に、レイキに秘められたパワーを知ってもらい、未来の子どもたちへと伝えていきたい！

そんな思いから、本書を制作することにしました。


私は数年前、『レイキの教科書』（アルマット刊）という本に、レイキの極意を公開しました。おかげさまで、ビジネスパーソン、お医者さん、学校の先生、治療家さん、主婦の方まで、一万人以上が読んでくださり、「ここまでくわしくまとめられた本はない」とのお褒《ほ》めの声もいただきました。

ところが一方で、「はじめての私には少し難しかった」という声もありました。そこで今回は、**「これだけは知っておきたい！」というエッセンスだけを、ギュッと詰めこんだ入門書**を目指しました。この本を読めば、これからレイキを勉強するみなさんが回り道をすることなく、最短で「見えない力」を味方にする方法がわかります。

素敵なまんがを描いてくださったのは、まんが家の「みをまこと」先生。ストーリーは、私が校長をつとめている「オーラレイキアカデミー」の、一〇〇〇人以上の生徒さんから寄せられた声をヒントにつくっています。

また、臼井先生はレイキのエネルギーを伝授する際に、参加者の波動を高めるため、最初に明治天皇の御製（天皇の和歌）をみんなで唱え、潜在意識にインプットしていました。そこで本書でも、日本を世界の大国にまで引き上げた偉大なリーダーのメッセージとして、明治天皇の御製を各章ごとにお伝えしていきます。日本国民を想う明治天皇の深い愛のメッセージと共鳴し、パワーアップしましょう。

◆「見えない力」を味方にして人生好転！

「すてきな彼と結婚できた」
「家族と仲よく話せるようになった」
「仕事がスムーズにいくようになった」
「直感力が鋭くなった」
「ペットのネコが元気になった」

これらはすべて、実際にレイキを体験し、「見えない力」を味方にした生徒さんたちから、私のもとに寄せられた体験談です。この本を読んだみなさんにも、恋愛、仕事、人間関係、お金、健康……さまざまな「福《いいこと》」が起こり始めることを約束します。

まんがや映画の世界だと思っていた目に見えない「気」を、リアルにさわって感じられるようになると、もっと人生が豊かで、安らぎに満ちたものになります。実際、私が教えている生徒さんたちの多くが、**「もっと早く知りたかった！」**と、口をそろえておっしゃいます。

東京オリンピック後の二〇二二年、レイキは「生誕一〇〇年」を迎えます。そんな記念すべき年を前にして、この本によってひとりでも多くの方に、いままで眠らせてきた魔法のような能力を引き出していただけたら、うれしいです。

それでは前口上はこのへんにして、本編に入ってまいりましょう。

ネガティブ・スパイラルにハマってしまった茜さんは、はたしてこれから先、どうなっていくのでしょうか？

装幀　鈴木大輔・江﨑輝海（ソウルデザイン）
作家のプロデューサー　山本時嗣

第1章 レイキの歴史

京都市
左京区
貴船《きふね》神社
これが有名な貴船神社かあ
日本に450社ある貴船神社の総本社で
縁結びで有名なのよ
すごーい期待できそう!
いつもならお賽銭《さいせん》は5円だけど
今日は特別に奮発しちゃお
その代わりご利益《りやく》たっぷりお願いね…

ん？
！
お前もか
私のほうによりご利益を！
ねえ この近くに鞍馬寺《くらまでら》っていうお寺があるんだけど
そこも行ってみない？
ふーん どんなご利益があるの？
ご利益というよりはスピリチュアルなお寺なの
私今スピリチュアルにはまっているのよ
鞍馬寺って臼井甕男《うすいみかお》先生が修行したところなのよ
鞍馬寺
臼井甕男？
誰それ？

臼井先生は
大正時代
公務員や
新聞記者や
政治家秘書など
色々やったけど
人生の目的とは
何か？
と悩んで
お寺で
座禅修行を
3年したが
それでも
悟りを
得られず
和尚さま
悟るためには
どう修行すれば
いいでしょう？
そうよのう
一度
死んでみる
ことだな
ガーーン

死ぬつもりで鞍馬寺にこもり断食瞑想して
21日目
まるで突然雷にうたれたようになり
そのまま意識を失い倒れて
意識が戻ったら宇宙との一体感や悟りの境地を感じたんだそうよ

そして山を下りる途中石につまづいて
ガッ
足の指の爪がはがれてしまい
うわあっ
そこに手を当てていたら
痛みがなくなり血が止まり即治癒してしまい
それからレイキ療法を発見したんだって
今じゃ世界120か国500万人以上の実践者がいるそうよ
レイキって何?
レイキは病気を治療するだけでなく
幸運を引き寄せ元気になるための実践法で
宇宙の根源から来る高い次元のエネルギーだそうよ

何か すごそうだけど それって 誰でもできる もんなの？
私 霊感とか 超能力とか 一切持って ないわよ
誰でも その能力を 持っているけど 眠っているだけ なんだって
だから 覚醒させれば いいだけだって
だけど どうやったら 覚醒できるの？
21日断食しろってか？
まっさかあ！
今度 レイキの イベントが あるから 行ってみたら？
ふーん…
レイキ ねえ…
ダメで もともと
それで 少しでも 運勢が よくなれば いいけど…

茜　レイキってどうして世界に広まったんですか?

青木　日系ハワイ人の高田はわよ先生が、レイキをハワイに持ち帰って、一気に世界中に広まったんですよ。

茜　高田先生も、まさかここまで流行るとは思っていなかったでしょうね!

◆「世界のレイキ」を生んだ運命の出会い

一九二二年、臼井《うすい》甕男《みかお》先生が、**鞍馬山《くらまやま》で断食《だんじき》瞑想《めいそう》中に偶然発見したのが、臼井レイキ療法の始まり**です。

その後、日系ハワイ人の高田はわよ先生が、臼井先生のお弟子さんだった、元軍医の林《はやし》忠《ちゅう》次郎《じろう》先生と「運命の出会い」を果たします。

闘病中だった高田先生は西洋医学の治療を受けるため、はるばる日本を訪れていました。ところが病院のベッドで、「この治療は必要ない」という天の声を聞いたのです。そこで紹介してもらったのが、林先生の治療院でした。

林先生のレイキ療法によって、高田先生の病気はみごとに完治。効果に感動した高田先生は、母国ハワイへ「ＲＥＩＫＩ」を持ち帰り、みずから普及につとめたのです。

◆日本によみがえったレイキ

このことがきっかけで、レイキは世界中へと広まっていきました。現在では、世界五〇〇万人が実践するまでになったことは、「はじめに」で述べたとおりです。

実は**戦前の日本では、臼井レイキの会員は、七〇〇〇人以上にものぼった**そうです。ところが、戦中、戦後にかけて、レイキは国から弾圧を受けます。その弾圧から逃れるため、あえて規模を縮小し、外部との交流を控えるとともに、伝統を守ってきました。いまも一般の人が、臼井レイキの会員になることは難しいと言われています。

こうして半世紀近くもの間、「日本にはもうレイキは存在しない」と思われてきました。まさに風前の灯火《ともしび》といえる状況でした。

ところが一九九三年、事態は大きく変化します。レイキが海外から「逆輸入」されたのです。こうして誕生の地、日本に里帰りを果たしたレイキは、ふたたび息を吹き返していきました。

秘法のごとく日本で細々と続いてきた、伝統レイキを再評価する研究者も増えました。

その結果、世界へ広まる過程で失われてしまった伝統的な技法に改めてスポットライトが当たったり、間違って伝わってしまった手法が修正されたりと、ここにおいてレイキは一気に進化をとげることになります。

また、世の中の流れも変わってきました。「健康寿命」「ＱＯＬ」（クオリティ・オブ・ライフ）といった言葉が定着し、サプリメントが普及するなど、ただ長生きするだけではなく、いかに健康を維持するかということに、人々の関心が集まっています。つまり、**治療から予防、予防から若返りへと、人々の関心が変化している**のです。

今後、日本ではさらに少子高齢化が進み、医療費も高騰していくことが予想されています。自分の健康は自分で守る。家族の健康も自分たちで守る。そんな意識が、ますます高まっていくでしょう。

そんな時代だからこそ、レイキが果たす役割は大きいといえます。いまレイキが注目を集めているのも、ごく自然なことのように思います。

◆一〇〇％「実感」できるレイキの幕開け

ところがその反動で、誤った情報も流れていることにも注意しなくてはなりません。「苦しい修業や訓練が不要」という、レイキのいいところを逆手にとって、「たった一日で身につく」とか、「たった一日で先生になれる」とか、そんなことを謳うスクールが登場しはじめたのです。

その結果、「レイキを習ったのに、使うことができない」「なんの効果も実感できない」「先生と連絡がつかなくなった」といった、「レイキ難民」と呼ばれる人々が急増することになります。

せっかくレイキと出会うことができたのに、こんなふうに最初でつまずいてしまう人がいるなんて、とても残念です。そこで私は、スピリチュアルな能力に自信のない人でも「見えない力」を実感できる方法を一〇年前から研究してきました。その過程で、**いままでは頭で信じるしかなかった「見えないエネルギー」を、誰でもその場で実感できるような方法を発見したのです。**

一九九三年に「逆輸入」されたレイキには、エネルギーを感じる練習がありませんでした。ところが、伝統的なレイキを研究してみると、エネルギーを感じる練習法があり、きちんと実感できるようになった人だけが、次の段階へ進めるプログラムになっていたのです。

以前、レイキを受けて「何も実感できなかった」と嘆いていた方も、私がエネルギーの感じ方を教えると、多くの方がたった数十分のレッスンで実感できるようになり、「これが知りたかったんです」と喜んでくださいます。

こうして、エネルギーを実感できる技術が「復活」したことで、レイキは本来の力を発揮できるようになったと自負しています。

◆まずは「実践」してみよう！

本書でお伝えするメソッドは、膨大な時間とトライ・アンド・エラーを重ねて、体系化したものですので、誰でも練習すれば「見えない力」を実感でき、再現できるようになります。

しかし、「説明書」を読むだけでは何も変わりません。この世界には**「知ってわかること」「体験してわかること」「続けてわかること」**があるのです。

外から得た知識が、体験を通じて自分の能力になったとき、はじめて智慧《ちえ》に変わります。みなさんも主人公の茜さんと一緒に、エネルギーを感じる練習から始めてみませんか？

ぷち レイキテスト❶

Q1 レイキをつくったのは誰でしょう？

Q2 レイキが誕生した場所はどこ？

Q3 レイキがつくられた時代は何時代？

Q4 レイキを世界に伝えた女性は？

Q5 レイキ難民って何？

答えは 91 ページへ

あした話したくなる「スピネタ帳」

神社では「お願い」しない、というのは知られていますが、仏壇も同じです。宗教的には宗派によって違いますが、エネルギー的にはＮＧ！　変な存在につながり、念を飛ばす人も！　神や仏の力は外ではなく、あなたの中にあります。静かに手を合わせ、内側と話をしましょう。うまくいかないときこそ、願うより感謝と祝福です。

明治天皇の御製
（和歌）

ならび行く　人にはよしや　おくるとも
たゞしき道を　ふみなたがへそ

【訳】「もし、一緒に歩んできた仲間や同僚が先に進んだとしても、正しい道を踏みはずさないでください」

意味

みんなにチャンスは来ています。人と比べたり、欲に目がくらんで、悪魔のささやきに耳を奪われたりせずに、自分に来ている幸運の波に乗りましょう。

第2章
身体の声を聴く

みなさん ようこそ
僕がオーラレイキアカデミーの青木です
この人が先生か… レイキってどんな話をするのかな？
つまらなかったらすぐ帰ろう…
ではまずゆるんでみましょう
はい みんな立って！
え？ いきなり体験型セミナー？
人間の身体は緊張していると本来の力が発揮できません
ゆるむことを意識してないと歳とともにどんどん身体は固くなっていき
心まで固くなってしまいます
ギシ
ギシ

どきっ
心が固くなる?
だから最近何をやっても楽しくなくなっていたのかな?
知らないうちに私も心が固くなっていたのかも…
まずは身体に力を入れてみましょう
ふんむっ
①下腹に力を入れ
むむ…
②肘を締め
うむむ
③腕の力を入れる
そして今度はそれを反対にやって
ぱっ
①腕の力を抜き
すとん
②肘と肩の力を抜き
でれ～ん
③下腹の力を抜きます
わぁゆるむってけっこう大変なんだ

では次に近くの人と二人でペアになりましょう
まず一人の人が相手の手にさわり
自分をゆるませると
でれ〜ん
!
よろっ
えーっ自分がゆるむと相手もゆるんじゃうわけ?
びっくり!
これができるようになると相手にさわらなくても
でれ〜ん

よろっ
すとん
おーっ
すごっ！
これは
まるで
気功の達人！
…と
いうことは
家や職場で
ムカムカ
イライラ…
ピリピリ
ふにゃ
でれ〜ん
自分が
ゆるめば
家庭円満
職場も和やか！
ひいては
世界平和も
夢ではないかも
…
キラ〜
がんばってね

次にまた二人でペアになって
お互いの背中や腕にふれて他より熱っぽいところを見つけましょう
本当だ！たしかに他より熱っぽいところがある
そこをゆすったりさすったりしてください
ごしごし
すりすり
うん手が軽くなった
本当？
じゃ私もやってあっちもこっちもやって！
はいはい
本当だたしかに軽くなった
不思議〜！

今度は自分のオーラを感じてみましょう
えーっオーラって感じられるの？ステキ！
まず手をグーパーグーパーして
グー
パー
そして手のひらを合わせて近づけたり離したりしてみると
あらなんとなく手の間に抵抗が…
しかもピリピリ感じる
まるで手の間に見えないボールがあるみたい
ぼわ～ん
それがあなたから出ているエネルギーです

オーラとは
自分を
とり囲む
エネルギーで
基本
両手幅くらい
そのときの
体調で
広がったり
縮んだり
ケガしたり
痛みがあったり
する場合
亀裂が入ったり
ゆがんだり
くすんだりします
そういえば
オーラって
色があるんです
よね
私のオーラは
何色?
オーラは
いつも
同じ色とは
限らないから
そのときの
健康状態や
精神状態
また
部分的にも
変化するから
気にしなくていいよ
重要なのは
オーラの中に
いろんな
情報が
あるってこと
まるで
一台の
コンピュータが
オーラの中に
ある感じです

だから
オーラから
知りたい情報を
検索すれば
いいのです
じゃあ
例として
金運をやって
みましょう
金運!?
わー
やりたい
やりたい!
では
金運と念じて
まずオーラに
さわってみましょう
金運
ふむ
こんな
もんかな?
それから
その人に
自分の財布を
持ってもらって
もう一度
オーラに
さわってみます
しゅん
えーっ
オーラが
縮んだ
なぜ?

それは財布の中に金運を妨げる物が入っているからです
財布の中をチェックしてみてください
でもお金の他にクレジットカードやポイントカード運転免許証健康保険証
それにお守りやレシートがあるだけよ
ごちゃごちゃ
何がいけないの？
財布の中にお金以外の物が入っていると
エネルギーが混乱して金運が下がるんです
えーっでも免許証や保険証がNGなのはわかるけど
お守りや開運グッズはOKでしょ？
オーラを調べると開運グッズは金運を下げていたんです
ペケ！
そんな～今まで頑張ってこんなにたくさん集めたのに～

ではお金と キャッシュカード だけを入れた 財布を持って もう一回 金運のオーラを チェックしましょう
ぼわ～ん
本当だ！ さっきより 広がっている
そして カードや お金は 下向きに 入れたほうが ベターです
へえ そうなんだ
あと トイレ掃除は 金運を アップさせます
知ってる 知ってる それ 今どきの 常識よね
とくい気！
そして 掃除道具は 一年に一回は 取り替えること
スポンジなどは 悪い気を ためこみやすい からです
たらあっ
帰りに 新しいのを 買っていこう

茜　オーラってホントにあるんですね。私にも触れることができてびっくり！

青木　オーラは、身体からのメッセージを伝えてくれているんですよ。

茜　もっと早く知りたかった！　これは知らなきゃ損ですね。

◆あなたも「オーラ」にさわってみよう

伝統的なレイキには、ヒーリングのときに、「病腺《びょうせん》」（身体の不調部分のこと）のエネルギーを感じとる素晴らしい技術がありました。ところが、世界に伝わる過程で、その技術が抜け落ちてしまいました。

私はこれまで、その病腺のエネルギーを感じとる技術を「復活」させようと、研究をしてきました。その過程で、病腺のエネルギーだけでなく、**人やモノのまわりにはいろいろなエネルギーが存在する**ことがわかってきました。

それが「オーラ」です。

これまでのスピリチュアルの世界では、オーラといえば、信じるか、信じないかのどちらかでした。そのため、「思いこみなんじゃないの？」「私はそんなの信じられない」と、おっしゃる方もたくさんいました。

しかし、もはや「信じる」必要なんてありません。

まんがでご説明したように、「検索キーワード」を変えることで、**さまざまなエネルギーに自分の手で触れ、実感することができるようになった**からです。

いまやオーラは「信仰」の対象ではなく、誰でも同じように確認することができる、具体的なものになったのです。

◆オーラは身体からのメッセージ

ところで、主人公の茜さんのように、みなさんの財布にも「開運グッズ」が入っていませんでしたか？

スピリチュアルなことに限らず、自分で効果を確かめずに、なんとなく信じていることってありますよね。たとえば、「ダイエットにはこの野菜がいい」とか、「美容にはこの石けんがいい」とか、情報量が爆発的に増えたいま、テレビやインターネットに振り回されている人は少なくありません。

しかし、どんなに科学的な裏づけがあったとしても、それがあなたの身体に合うとは限りません。大事なのは、「いまのあなたには何が必要か？」ということです。

先日も、身体によいと言われているサプリメントを何年も飲み続けてきた人のオーラを、みんなでチェックしてみました。すると、「サプリメントのとりすぎですよ」と、身体がオーラを通じて教えてくれました。そこでサプリを飲むのをやめてみたら、体調がどんどんよくなったそうです。

あなたは身体の声を聴いていますか？

あなたにとって必要な答えは、テレビやインターネットの中にはありません。あなたの身体が知っているのです。

結婚や転職など、人生の選択に迷ったときも同じです。**答えはつねにあなたの中にあります**。

オーラを感じることとは、身体からの声に耳をすますこと。その能力を高めていけばいくほど、いまのあなたに合った最高の道が見つかるはずです。

それでは、さっそくオーラを感じる練習に入りましょう。とはいえ、オーラを感じることとは、特別な能力ではありません。水泳や自転車、ピアノの練習と同じで、基本を学んだら、あとは何回もくり返し使っていくうちに必ず上達していきます。

さらにトレーニングをくり返し、オーラを感じる能力を使いこなせるようになると、使える「魔法」がどんどん増えていきます。

ネコちゃんやワンちゃんといった、ペットの心の声を聞くことができたり、自分とモノとの相性がわかったりと、「検索キーワード」を変えるだけで、活用の幅がぐんぐん広がります。

さらにトレーニングを続けた人は、手でさわらなくても、目で見ただけでオーラの状態がわかるようになります。

◆マイナスエネルギーを「浄化」する方法

最初にやっていただきたいのは、まんがの中でご紹介した、気を感じる練習です。**それができた人は、次に「浄化」のレッスンに移りましょう。**

①イスのチェック

今回は、ためしに自宅にあるイスを浄化してみましょう。最初にイスの座り心地を感じておきます。

②マイナスエネルギーを感じる

心の中で「マイナスエネルギー」と思いながら、イスに手を近づけてみましょう。ポイントは**何も感じない離れた場所から、ゆっくりとイスに手を近づけていくこと**です。イスに手を近づけていくと、空間にモヤっとしたり、ビリビリしたりする境界線を感じると思います。それが、目に見えないエネルギーの汚れです。

③浄化する

塩、セージ（ハーブの一種）、音叉《おんさ》など、いろいろな浄化方法を試してみましょう。汚れによって洗剤の種類を代えるように、目に見えないエネルギーの汚れも、ものによって効く浄化法と、効かない浄化法があります。

④浄化の効果を確認する

浄化が終わったら、「マイナスエネルギー」と思いながら、イスに手を近づけてみてください。最初に感じたモヤモヤや、ビリビリが消えていれば成功です。浄化に成功していれば、座り心地も変わっているはずです。

この手順で、いろいろなものを浄化してみましょう。**エネルギーがどう変化するか、自分で感じてみることが、オーラを感じる基礎トレーニングになります。**

今回はイスでためしてみましたが、お守りやパワーストーンといった開運グッズも、同じようなやり方で浄化してみてください。たくさんの汚れを吸いこんでいることが、きっと実感できると思います。

◆オーラは誰にでも感じることができる

私が主宰しているレイキの学校、オーラレイキアカデミーには、下は一〇代、上は八〇代まで、幅広い年代の方が、一〇〇〇人以上も参加されています。そのうち多くの方から、「私にもオーラが感じられた！」という声をいただいています。

つまり、決して難しいことではないのです。

かくいう私も、昔はまったく感じることができませんでしたが、毎日いろいろなエネルギーを研究するうちに、はっきりと感じられるようになりました。いまでは日本語を話すのと同じくらい、当たり前のように使っています。

ですから、**必ずあなたにもできるようになります**。

オーラは、あなたの体調や運気の変化を伝えてくれるメッセンジャーです。オーラを感じるトレーニングを続けると、直感力もアップして、その微妙な変化がはっきりとわかるようになるでしょう。

ポイントは、ブルース・リーではありませんが、「考えるな！　感じろ！」です。

ぷち

レイキテスト2

Q1 「オーラ」とはなんでしょう？

Q2 オーラを感じるときに重要なのは何？

Q3 お財布の金運を妨げる一番の原因は？

Q4 身体の不調箇所をレイキでなんと言う？

Q5 レイキが宗教や信仰ではない理由は？

← 答えは 91 ページへ

あした話したくなる

「スピネタ帳」

財布に限らず、家にある古くなったお守り、お札《ふだ》、おみくじ、パワーグッズなどを放置すると、トラブルを引き寄せます！　エネルギーの汚れがあふれ出す前に、早く手放してしまいましょう。浄化の基本は「スピリチュアル断捨離」です

明治天皇の御製（和歌）

いく薬　もとめむよりも　常に身の
やしなひ草を　つめよとぞおもふ

【訳】「新しい霊薬を探し求めるより、ふだんから心身の修養につとめることが大事だと思います」

意味

臼井先生も、精神修養をすることでレイキの量が増え、それが何よりの霊薬になると言っています。実際、グーグルやゴールドマンサックスなど、海外の一流企業では、社員研修で瞑想をとり入れる時代になっています。

第3章
福を引き寄せる5つの秘法

今日もレイキのセミナーがあるのか
どうしようかなあ?

なーんちゃって行くに決まってるじゃん

少人数のセミナーだと落ち着いて受けれていいわね
何でも聞けるし
先生 私の恋愛運どうですか?
うーん…
そのネックレスにブレスレット
え? やっぱり気づいちゃいました? いいでしょうこれ? 高かったんですよ
それときどき浄化してる?
かなりエネルギーがよどんでますよ
ガーーン
私 こういう物ってただ身につけていればいいって思ってた
たらっ

LOVE
縁結
じゃあ
こういう
お守りは？
ずらっ
何でそんなに
神さまや物に
頼ろうと
するのかなあ？
あなたの運は
あなた自身の
エネルギーが
一番左右して
いるんだよ
私自身の
エネルギー？
パチクリ
出会いも
運も
お互いの
周波数で
引き寄せ
られている
んです
ピピピ…
えーっ
じゃあ
私の彼が
浮気したのは
その
程度の
男しか
私が引き寄せ
られなかった
ということ
ですか？
もし何か
問題があるのなら
自分が
どういう
つき合い方を
していたのか
考えてみて
ください

でも私は彼にいつもお弁当をつくったり家事をやったりして
彼にすごく尽くしてきたわ
彼はそれを喜んでいましたか？
そりゃ当然…
うえーっ嫌いなものばっかり…
身体にいいんだから残さずぜんぶ食べなさいよね
俺の部屋はモノトーンで統一してるんだよ！
やめてくれよ
あら風水知らないの？西には黄色いカーテンよ
無知ね
俺のパンツにアップリケをぬいつけるな！
浮気防止よ
恋人ならペアルック着なきゃね
最悪…
BOO!
BOO!

私の誕生日プレゼントはエルメスのバッグがいいわ
私って高級品が似合う女じゃない？
今度の休みはパリがいいなベニスでもいいけど
ダイヤでもサファイアでもサプライズプレゼントはいつでも大歓迎よ
私を愛しているんならスマホをチェックさせて
私自分勝手で嫌な女だった？
私には恋愛する資格がない？
そんなことないですよ

完全無欠の人なんていません
過去の後悔や未来の不安に飲みこまれずに
今この瞬間を一生懸命生きていけばいいんです
……
レイキでは五戒を実践することをすすめています
今日だけは
①怒るな
②心配するな
③感謝して
④業を励め
⑤人に親切に
です
今日だけは
？
それっていい言葉ですね
いつも善人でいろと言われると疲れそうだけど
今日だけはと思えば何となくできそうな気がする

今日というのは
昨日からの
続きではなく
毎日が
新しく生まれ
新しい一日を
新しい気持ちで
迎えて
過ごせば
いいんです
でも私
何だか
自信が持てない
自分のことが
嫌いに
なりそう…
愛してるよ
え？
どきっ
そ そ
そんな
いきなり
何を
言い出すん
ですか？
マジですかあ？

愛してるよと自分の身体に手を当てていつもそう言ってあげればいいんですよ
は？
あーびっくりした
告られたのかと思って焦ってしまった
どきどき
でも
自分を愛するってそんな簡単にできるんだ
私の身体は本当は私が愛していることを知らないのかもしれない…
ハートに手を当てて
愛してるよ
愛してるよ

愛してるよ
愛してるよ
愛してるよ
愛してるよ
なぜか涙が出てきた…
身体とハートが喜んだんですよ
あなたの身体と心をいつも愛で満たしてあげてくださいね

茜　レイキのパワーの秘密は「五戒」に隠されていたんですね！

青木　創始者の臼井先生は、「五戒を実践して、心が健全になれば、肉体は自然と元気になる」とおっしゃっていますからね。

茜　ヒーリングのやり方を修得することも大事だけど、五戒を実践することのほうがもっと大事ってことですね。

◆レイキの「真の目的」とは

レイキの最終的な目的地は、自分がヒーラーやセラピストになることではありません。**平和でワクワクする人生を過ごしながら、まわりの人を癒し、みんなの幸福を増進すること**。それが使命だと、臼井先生はおっしゃっています。

レイキは、単なる癒しのテクニックではありません。思っている以上に深い実践技術であり、高い意識に到達しながら幸福になれる実践学問なのです。

ただし、これでは漠然としすぎているので、毎日の小さな目標に落とし込んだものがあります。

それが、「招福の秘法」「万病《まんびょう》の霊薬」とも言われる「五戒《ごかい》」です。

世界中で話題になっている「引き寄せの法則」では、自分の思考と感情が現実をつくると言っています。この五戒を実践することで、まずは自分の感情に気づくことから始めてみましょう。

◆「五戒」が人生を変える

五戒は、次の五つの教えからなります。

ちなみに五戒は、「今日、一日だけ」に限定されています。たしかに、「今日、一日だけ」と言われたら、かんたんにできそうな気がしますね。

①怒るな

これは、「怒りを抑えなさい」ということではありません。**「いままで放置していた感情や信念（思い込み）に気づきましょう」**ということです。

怒りの裏には寂しさ、恐れ、疲れなどがあります。怒りを感じたら、一〇秒間、胸に手を当てながら心の声を聴いてみましょう。

気づくと高い視点でものごとを見ることができるようになり、怒りをぶつけたり、我慢したりする以外の、スカッとするアイデアが浮かんできます。

たまった感情は、美味しい、うれしい、楽しいことをイメージしながら、にっこり笑顔で、ため息と一緒に吐き出しましょう。

②心配するな

こちらも、「心配する気持ちを抑えなさい」という意味ではありません。「**悩みや後悔は心の闇をふくらませるので、闇に気づいたら明かりをつけましょう**」というメッセージです。

つまり、ポジティブになりなさいということです。

といっても、いわゆる「プラス思考」とは違います。「ポジティブ」という言葉を辞書で調べると、「明確にする」という意味が最初に出てくるように、いま自分ができることを明確にして、一歩踏み出してみましょう、という意味です。

くり返しますが、無理やりプラスに考えることではありませんよ。

③感謝して

感謝すると、いままで以上に「受けとり上手」になれます。「ありがたいな〜」と言いながら、まわりにあるものをゆっくり見渡してみましょう。

私たちの世界にあるものは、すべて誰かの愛から生まれ、誰かの愛でできています。自分に注がれた無限の愛や、豊かさに気づけるかもしれません。

そして、受けとった愛や恵みを、感謝のエネルギーに変えていきましょう。すると、運や縁が変わりはじめます。

お礼の言葉、手紙、プレゼント……。自分の素直な感謝の気持ちを、形に代えて伝えてみましょう。

④業を励め

感謝することは大事ですが、中には「感謝すれば願いはかなう」と勘違いする人も出てきます。そんな勘違いへの戒めとして、「**地に足をつけて現実的に行動しましょう**」というメッセージです。

目の前にいる人に喜んでもらうには、どうしたらいいか。そう本気になって考えたら、自分はどう生きたいのか、自分にはどんな才能があるのか、自分には何が足りないのか、そういったことがおのずとわかってきます。

一生懸命に仕事をすれば、仕事が楽しくなるはずです。コントロールから解放され、自由になる唯一の方法は、自分で「由《よし》、やろう！」と覚悟することです。

たった一度の人生、いまのあなたにしかできないことがたくさんあります。日本を元気にするのは、国や政治家ではなくあなたです。

⑤人に親切に

「ありがとう」を当たり前に言えるようになったあなたが、**今度は「ありがとう」と言われるような人に生まれ変わろう**、ということです。

恩返しや恩送り（誰かから受けた恩を、直接その人に返すのではなく、別の人に送ること）をして、受けとった愛のエネルギーを循環していくたびに、あなたには徳のポイントが貯まります。

そうして、徳のポイントが満タンになると、あなたに「奇跡」というプレゼントが届きます。

もし、たくさんの宝を得たいと思うのなら、まずはたくさん与えることです。

◆毎日唱えたい「招福の言葉」

五戒は朝夕、一日二回唱えるよう、臼井先生は指導されていました。

ただ、怒りや心配の言葉は、くり返しインプットするのには向いていません。そこで、五戒に合わせた「招福の言葉」を考案しました。

①怒るな→**「愛してるよ」**
②心配するな→**「オッケー」**
③感謝して→**「ありがとう」**
④業を励め→**「よっしゃ〜」**
⑤人に親切に→**「おめでとう」**

どれも幸運を引き寄せる「招福パワー」を感じませんか？

言葉のパワーを感じながら、無意識に口から出るようになるまで、何回も唱えてみましょう。すぐに思考や感情は変えられなくても、言葉を変えるだけで、人生は劇的に変わり始めます。

先ほどお教えした五戒は、毎日ちゃんと実践できていたか、チェックするための指標として使ってみるといいでしょう。

かつて日本は、「言霊《ことだま》の幸《さきわ》ふ国」と呼ばれていました。

ところが最近は、モラハラ（モラルハラスメント）など、言葉の暴力が問題になっています。「招福の言葉」で、ふたたび「言霊の幸ふ国」にしていきたいものですね。

ぷち レイキテスト 3

Q1 五戒の別名は、何と何？

Q2 レイキの本当の目的って何？

Q3 引き寄せの法則は、思考＋何？

Q4 「招福の言葉」をひとつ答えましょう

Q5 昔の日本は何が「幸ふ国」と呼ばれていた？

答えは 91 ページへ

あした話したくなる
「スピネタ帳」

意識が抜けて留守になった場所には、外から自分以外のエネルギーが入りやすくなります。空き巣に入られないように、全身を愛で満たしておきましょう。自分を大切にすることができる人は、まわりの人もあなたを大切にしてくれます。

明治天皇の御製（和歌）

しら玉を　光なしとも　おもふかな
磨きたらざる　ことを忘れて

【訳】「磨くのを忘れているのに、どうしてこの宝石はくすんでいるのだろうと、つい思ってしまうものです」

意味

「自分には才能がないんだ」と思う前に、今日だけは……と思いながら、コツコツ磨き続けましょう。誰の中にも磨けば光る原石があります。

第4章「幸せの種」を育てる

それ いつなの？
あら 篠原さん 来るの？
いつも 嫌がって 来ないじゃん
べつに 嫌がって なんか…
バイキング？
私 フルコースの ディナーのほうが いいわ
食べ放題の 食事なんて あさましくて 苦手よ
…って 言ってた じゃん
……
私って けっこう ごう慢だった のね
今回は 行ってみたいと 思って…
へぇ どういった 心境の変化？ でも あなたの 高尚な趣味に 合うかしらね

ピキッ
んーっ
今日だけは
怒るな
今日だけは
怒るな
あら
楽しそう
じゃない
お料理も
おいしいん
でしょ？
私たちに
とってはね
あとで
まずかったなんて
文句言ったり
しないでよね
不愉快に
なるから
……
彼女たちが
悪いんじゃないわ
ふだんの私の言動に
反応しているだけ
言うならば
自業自得ね
まわりの環境を
よくしたいと
思うなら
まず自分が
変わらなきゃ
いけないわね

The Grand
あら
思ったより
豪華な食事
あら
篠原さん
本当に
来たのね
まあ
お二人とも
とっても
素敵！
見ちがえまし
たわ！
あら
そう？

小海老のカクテルが絶品ですよ試してみて
え…ええありがと
ねえあの人前と雰囲気が違ってない？
やっぱりあなたもそう思う？
何かあったのかしら
うーんシャンパンもけっこういけるわ…
ドバーー
きゃっ
あ…
ポタ
ポタ

ひっく…
ひっく…
あ すいませ～ん 僕 酔っぱらって ぶつかっちゃった みたい…
キッ
このたちの悪い酔っぱらい！
う～
今日だけは怒るな…
今日だけは怒るな…
篠原さん 早く洗わないと シミになっちゃう わよ
ぐーっ
ありがとう 急いで 洗ってくるわ

じゃぶ
じゃぶ
ついてないなあ…
初めて着たドレスだったのに…
このシミ落ちるかしら…
私よっぽど忘年会と相性が悪いのかしら
やっぱり来なきゃよかった
くすん…
本当最近いいことないなあ…
はあっ

翌日
わーやばい！遅刻スレスレ
バタバタ
スッ
あの…
昨日は酔っぱらってあなたのドレスを汚してしまってどうもすみませんでした
ああ昨日の酔っぱらい君
ん？
昨日は酔ってたから気がつかなかったけどこいつかなりのイケメン
どきっ

弁償させてください
おいくらですか？
うーんとね
それじゃあ
100万円！
えっ
そんなに？
さーーっ
なーんてね
冗談よ
クリーニングに持って行ったらたぶん落ちるでしょうって言われたから
クリーニング代の2千円でいいわ
本当にそれでいいんですか？
じゃあはい
2千円
あんまり飲みすぎないで！
じゃあね

待って！
僕は今日 6時に 仕事を 終わらせるから 一緒に 食事でも どうですか？
え ええ まあ いいけど…
よかった じゃあ 6時にここで
あ 僕 宗像《むなかた》と いいます よろしく
これって もしかして デート？
うまいこと やったじゃない 篠原さん
彼は最近 ニューヨークの 本社から 帰ってきた 社長の息子 よ
うまくいくと 将来は 社長夫人？ 玉のこしね

ふーん
教えてくれて
ありがとう
おかげで
つまらない夢
見なくて
傷つかずに
すんだわ
さ　早く
行きましょ
主任に
どやされるわ
へえ
意外！
自分にやっと
ふさわしい相手が
現れたとでも
言うと
思ったのに…
あの人
やっぱり
変わったわね…
何よ
イケメンで
ニューヨーク帰りで
社長の息子？
そこまで
できすぎだと
逆にビビるわ
私とじゃ
いくらなんでも
つり合わない
っての
別れよう
他に好きな
人ができた
きっと
あとでまた
泣くはめになる
彼に
近づくのは
やめておこう
今日だけは
心配するな

今日だけは
心配するな…
そうよね
まだ何も
起こってないし
始まってもいない
私
いったい
何を怖がって
いるのかしら
未来は
これから
私がつくり上げて
いくものよ
大切なのは
自分を信じて
愛して
あげること
愛してる
愛してる
私は自分を
愛してる
自分を
こんなにも
愛してる…

わー 夜景が きれい…
いいんですか? こんな豪華な ディナーを ごちそうに なっちゃって
もちろんです 昨日のドレスと あなたのパーティを 台なしにした お詫びです
僕 お酒が 弱いのに
昨日は 帰国祝いだと 無理やり たくさん 飲まされて
とんでもない 醜態をさらして しまい 本当に すみませんでした

完全無欠な人なんていませんわ
誰だって失敗します
私なんて今までどれだけ生き恥をさらしてきたことか…
あははは…もうやけくそな人生よ
……いいなあ
あなたと話していると心が和みますよ
アメリカだとすぐに裁判沙汰になり
多額の慰謝料を請求されそうで
うかつに女性ともつき合えませんでしたよ
んーこの間までの私だったら似たようなものかも…
弁償して…
反省
あなたとだったらやっていけるかもしれないな
どうでしょう僕とおつき合いしてみませんか?
は?

やだなあ からかわないで まだ 会ったばかりで 私のことなんか 何も わからないくせに
あなたを 見ていると 飽きないいん ですよね 僕と周波数が 似ているのかも …
僕は 本気ですよ
周波数?
どきっ
レイキを 学んで たしかに私は 少しずつ 変わってきてる
それって 私の周波数が アップした ってこと?
そうね まだまだ 発展途上だけど 可能性を 自分で つぶして しまうのは やめよう
はい
私でよければ
にっこり

茜　毎日レイキを使うようになって、気づきが増えました。

青木　小さな兆しをキャッチし始めたんですね。

茜　でも、まだまだって感じです……。

◆人生の「好転反応」を楽しむ

レイキを始めると、茜さんと同じように、過去の思考や感情が引き寄せたできごとに、よく気づくようになります。

これが「人生の好転反応」です。

自分が成長するとき、まわりの環境が変わるとき、時代の流れが変わるときなど、それまでの安定した流れから、急に別の流れに移行するとき、この「人生の好転反応」が起こることがあります。

これは、**本来の自分の住む世界に移行するための絶好のチャンス**です。ところが、「風邪は万病のもと」といわれるように、小さな兆しを無視し続けるとどんどん悪化し、本来の道から大きくそれてしまいます。

その結果、大きな修正が必要になり、人によってはリストラや大病など、自分の意図しないタイミングで、強制的に軌道修正させられることもあります。

さすがにここまで大きなできごとは、めったに起こりませんが、精神的に不安定になったり、孤独感をおぼえたり、身体の不調を感じたりすることは、よくあります。もし病院に行ったら、軽いうつ病と診断されるかもしれません。

しかしこれは、はじめに言ったように、新しい自分に成長するための「好転反応」です。いままで慣れ親しんだ流れを維持しようとする働きと、本来あるべき幸せな流れに進もうとする両方の働きがぶつかることで、いろいろなことが次々に起きてくるのです。

心配することはありません。「うつ」という言葉には、「気がふさぐ」という意味だけでなく、「ものごとが盛んなさま」という意味もあるのです。

植物も、たくさん生い茂れば間引きしないといけませんよね。人間だって同じです。成長とともに、自分にいらないものは手放して、狭くなった器を大きくする時期が必要なのです。

たとえ一見、他人からは不幸に見えることでも、**「これは次によいことが起きる前兆だ」と思ってみましょう。**

そして、もし過去の自分や、過去のできごとに執着があるのなら、それを手放してみましょう。

そうすることで、次なるミラクルを引き寄せることができます。

人生は「即興劇」ですから、どんなシナリオになるかはわかりません。でも、**何が起きるかわからないからこそ、次の展開を楽しめる**のではないでしょうか？　私はそう思っています。

思い通りにいかないときこそ、何か素敵なことが起きると思ってみる。それだけで目の前が明るくなり、幸せな流れに移っていくことができます。

◆無意識にこんなことをしていませんか？

もし、どうしてもそう思えず苦しんでいるとしたら、自分が無意識に演じてきた「キャラクター」を、意識的に変えていく練習が必要かもしれません。

私たちがふだん、無意識に演じているキャラクター（言葉、表情、姿勢、呼吸、イメージなど）が、現実（行動、選択、思考、発想のパターン）をつくり出しています。

ですから、自分のキャラクター、つまり、**言葉、表情、姿勢、呼吸、イメージといった、**

自分が無意識に行なっている習慣を変えればよいのです。そうすることで、現実の世界はたちまち好転していきます。

ためしに口角を上げて、姿勢を正してみてください。それだけでも視野が広がり、浮かんでくる発想や選択が変わってきます。いままで問題だと思っていたことが、問題ではなくなってくる自分に気づくはずです。

また、自分に手当てをしたり、自分を愛で満たしたりすることで、まわりの共鳴するものや反応するものが変わってきます。離れたくても離れられなかった、攻撃的な親やパートナー、愚痴や不満の多い知人とは一緒にはいられなくなり、おたがいを尊重できる素敵な仲間がまわりに増えてくるでしょう。

怒りや心配といったエネルギーは、自分だけではなく、まわりの人にも毒をまきちらしています。ためしに「悪影響を与えるエネルギー」という検索キーワードでオーラにさわってみると、その人の身体から数メートル先まで、毒のエネルギーが広がっていることがわかります。

ですから、職場や電車の中などでイライラしている人を見かけたら、できるだけ近寄らないようにしましょう。

どうしても、一緒にいないといけないときは、**美味しい、うれしい、楽しいことをイメージしましょう**。あなたがイメージするだけでも、「よい影響を与えるエネルギー」が数メートル先まで出てきます。

◆「しつこい怒り」を浄化する法

怒りには、「頭にくる」「ムカつく」「腹立つ」という、三パターンのエネルギーがあり、それぞれ頭、胸、お腹のまわりにたまっています。

そんな「怒りのエネルギー」を、浄化する方法をお教えしましょう。

①オーラをチェックする

まず「怒り」という検索キーワードで、自分のオーラに触ってみましょう。頭、胸、お腹、どこにいちばん強い反応があるでしょうか?

何も感じない離れた場所から、「怒り」と思いながら手を近づけていくと、感じとりやすいと思います。頭、胸、お腹と順番に、ゆっくり手を近づけたり、離したりしながらチェックしてみましょう。

②浄化する

たまった怒りのエネルギーは、**へその下、額、胸のいずれかに手を当てることで、浄化することができます**。

頭にたまっていた人は、カチンときやすい気の短いタイプです。へその下に手を当てて浄化しましょう。

胸にたまっていた人は、ムッとすることが多い人かもしれません。額に手を当てて浄化しましょう。

お腹にたまっていた人は、表情には出さずに、ため込んでしまうタイプです。胸に手を当てて浄化しましょう。

どの場所も一分ずつ、両手を重ねて手当てをします。女性は、右手の上に左手を重ねましょう。男性は逆に、左手の上に右手を重ねます。

また、このとき口は軽く開けておきます。

③アフターチェック

最後に、頭、胸、お腹にたまった怒りのエネルギーが、きちんと浄化されたことを確認しましょう。

最初のチェックで感じた反応が消えていれば成功です。

このように、怒りのエネルギーは身体に蓄積し、自分やまわりの人によくない影響を与えます。定期的に浄化することで、「幸せの種」を大事に守っていきましょう。

ぷち

レイキテスト答え

テスト① Q1、臼井甕男　Q2、鞍馬山　Q3、大正時代　Q4、高田はわよ　Q5、レイキを実感できず、答えを求めていろいろなレイキを転々と渡り歩く人

テスト② Q1、情報（身体の声）　Q2、検索キーワード
Q3、お守り（開運グッズ）　Q4、病腺
Q5、誰でもチェック（検証）できるから

テスト③ Q1、「招福の秘法」「万病の霊薬」　Q2、自他ともに幸福を増進すること（ヒーリングは手段）
Q3、感情　Q4、愛してる・OK・ありがとう・よっしゃ〜・おめでとう　Q5、言霊

あした話したくなる

「スピネタ帳」

春と秋のお彼岸とお盆には、おはぎ（ぼた餅）を食べましょう。迷信ではなく、おはぎは先人が見つけた浄化のパワーフードです。つぶ餡より、こし餡のほうが浄化力は高いです。

明治天皇の御製（和歌）

かたしとて　思ひたゆまば　なにごとも
なることあらじ　人の世の中

【訳】「難しいからと言ってやるべきことを怠るようでは、成功しないのがこの世の中です」

意味

あのアインシュタインでさえ、「天才とは努力する凡才だ」と言っています。

第5章 レイキは綺麗になる魔法

彼氏ができて幸せオーラで輝いてるね
いや〜ん はずかし！もっと言って もっと言って！
君にはもうキレイになるレイキは必要ないんじゃない？
冗談言ってないで早く教えてください

まず顔をチェックしてみましょう
チェックポイントは目尻と口角
どちらか下がっているほうを中心から外側に向かって回転させる（10回くらい）
そして頭の後ろにエネルギーを流す
するとあら不思議
ひくひく…
目が上がり
くいっ
くいっ
口角が上がってくるのです
おーっ何これ？
もっと美人になった
よかったね…

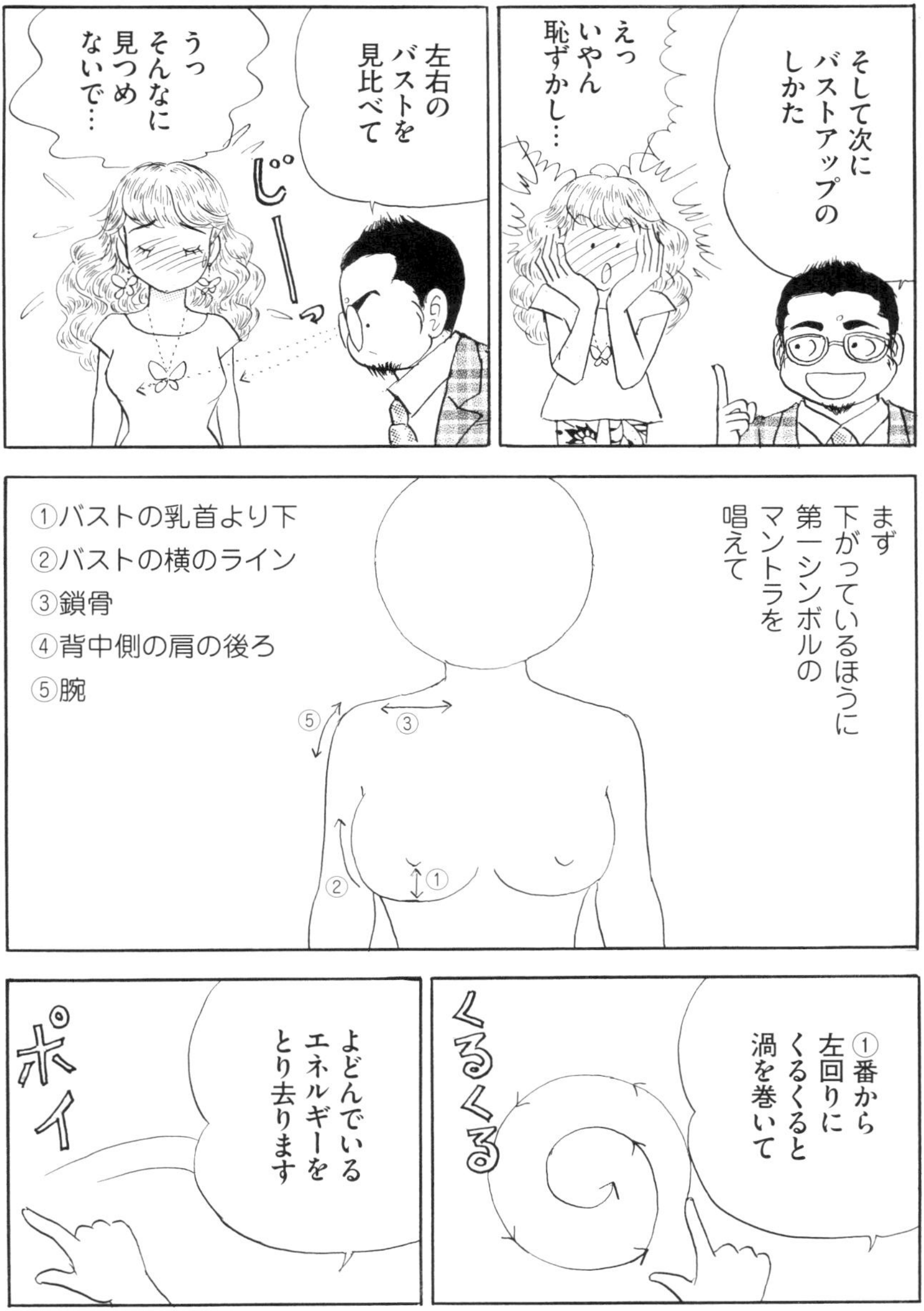
そして次に
バストアップの
しかた
えっ
いやん
恥ずかし…
左右の
バストを
見比べて
じーッ
うっ
そんなに
見つめ
ないで…
まず
下がっているほうに
第一シンボルの
マントラを
唱えて
①バストの乳首より下
②バストの横のライン
③鎖骨
④背中側の肩の後ろ
⑤腕
⑤
③
②
①
①番から
左回りに
くるくると
渦を巻いて
くるくる
よどんでいる
エネルギーを
とり去ります
ポイ

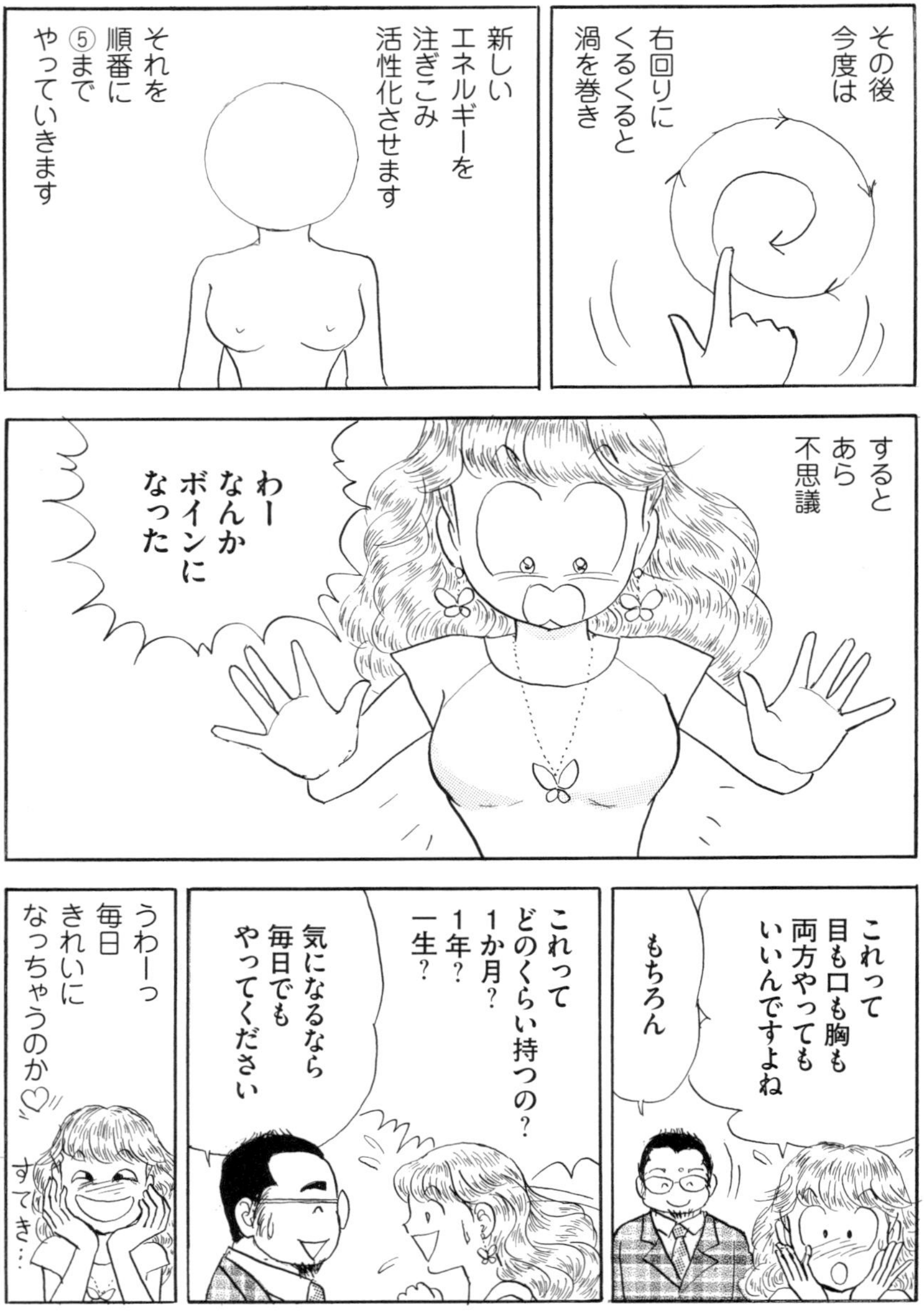
その後
今度は
右回りに
くるくると
渦を巻き
新しい
エネルギーを
注ぎこみ
活性化させます
それを
順番に
⑤まで
やっていきます
すると
あら
不思議
わー
なんか
ボインに
なった
これって
目も口も胸も
両方やっても
いいんですよね
もちろん
これって
どのくらい持つの?
1か月?
1年?
一生?
気になるなら
毎日でも
やってください
うわーっ
毎日
きれいに
なっちゃうのか♡
すてき…

あと
女性は
冷え性の
人が
多いので
その対策は
まず合掌して
軽く目を閉じて
宇宙の根源から来る
エネルギーと
つぶやきながら
右手を
おへその下の
丹田に置き
(男性は反対)
左手は
反対の
背中に置き
レイキを
入れます
本当だ
だんだん身体が
ポカポカして
きて
足先まで
温かくなって
きたわ
ぬくぬく
ほかほか…
レイキって
すごいですね
感謝です
どんどん
活用して
ください

TOILET
ねえ最近篠原さんきれいになったんとちゃう？
あバレちゃいました？
それじゃ秘訣をお教えしましょうか？
わー教えて教えて
ほう…
へえ…
ふんふん…
こんなところでみんなで何サボっているの!?
きゃっ主任！

実は今 篠原さんから 美人になる 秘訣を 教わっていた ところで…
そんなことが 簡単に できるわけ ないでしょ
できます! やって みせましょうか?
やってごらん
ボボン
!
わー主任 何か美人に なった!
……
しかも ボインに!
ギロ
あら あまり 効果を 感じなかった かな?

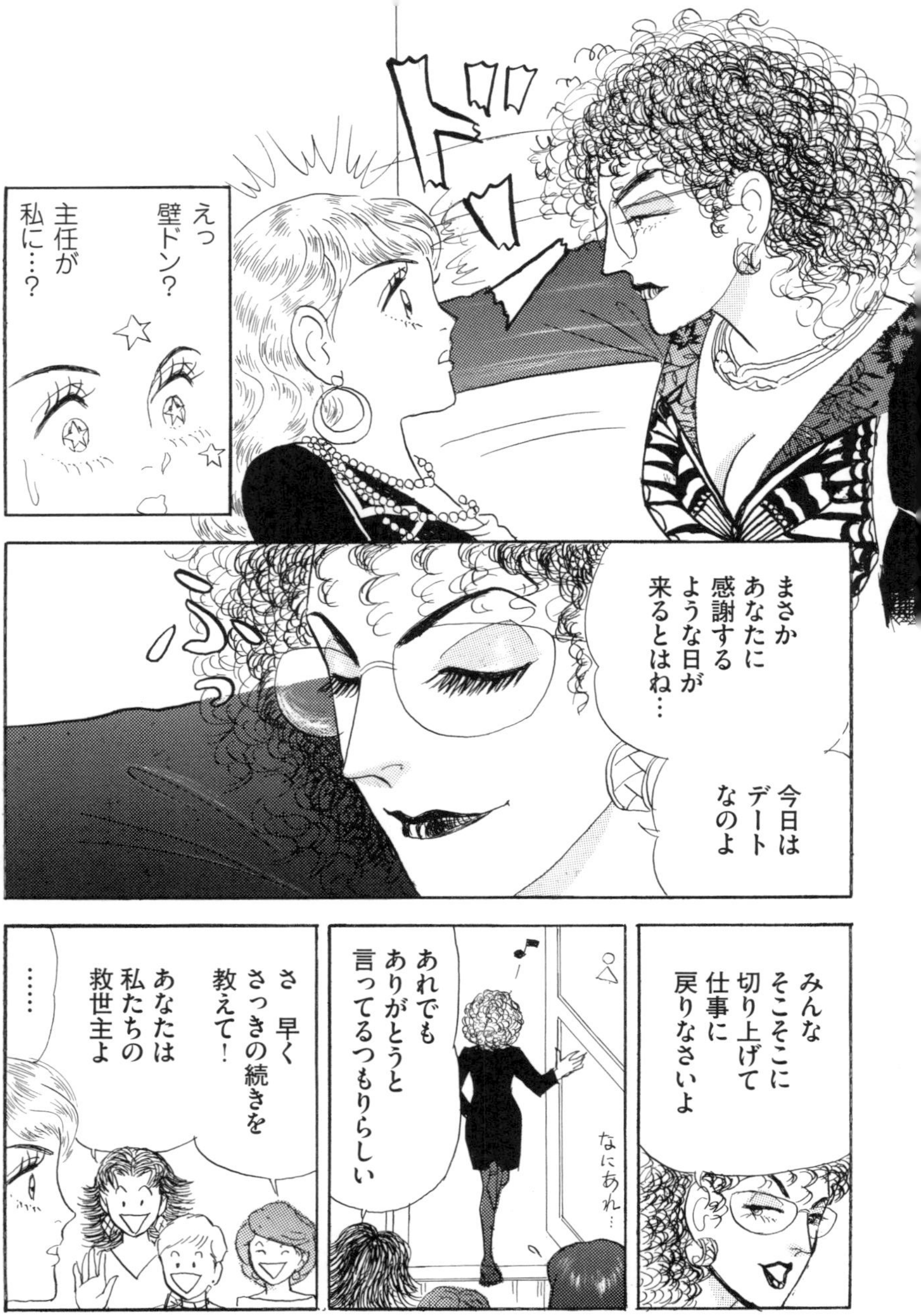
ドン
えっ 壁ドン? 主任が 私に…?
まさか あなたに 感謝する ような日が 来るとはね…
ふっ
今日は デート なのよ
みんな そこそこに 切り上げて 仕事に 戻りなさいよ
なにあれ…
あれでも ありがとうと 言ってるつもりらしい
さ 早く さっきの続きを 教えて!
あなたは 私たちの 救世主よ
……

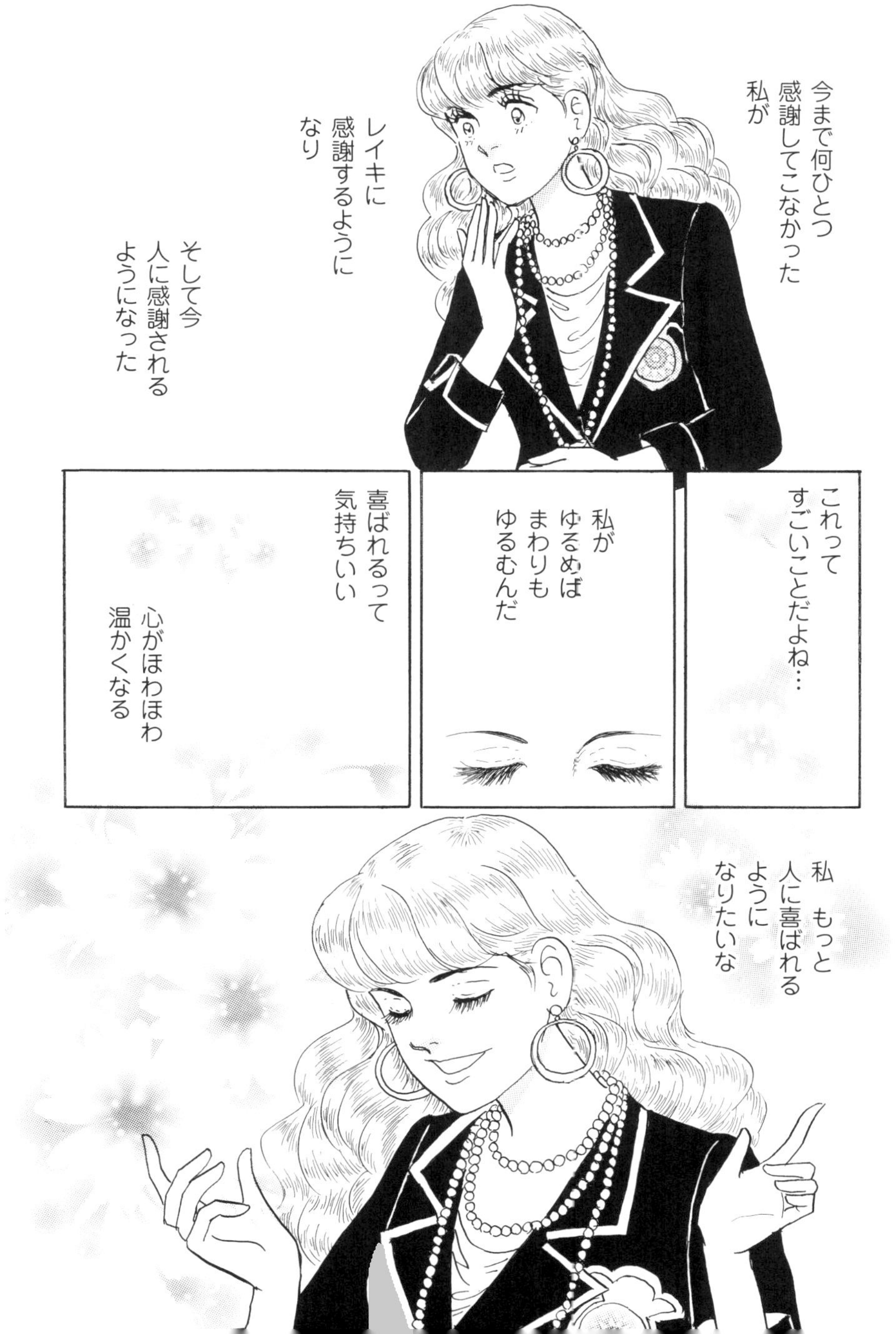
今まで何ひとつ
感謝してこなかった
私が
レイキに
感謝するように
なり
そして今
人に感謝される
ようになった
これって
すごいことだよね…
私が
ゆるめば
まわりも
ゆるむんだ
喜ばれるって
気持ちいい
心がほわほわ
温かくなる
私　もっと
人に喜ばれる
ように
なりたいな

う〜ん…
お待たせ!
どうした? 何か悩みごと?
仕事のことならいつでも相談に乗るよ
そんな!
外資系の会社なんて憧れの仕事だもの十分満足してるわ
ただ…
ただ?
前はみんなからうらやましがられたり認められたりしたいって思っていたけど
最近そんなことどうでもよくなってきたの
みんなに喜んでもらえて私が貢献できることが何かないかなって思うようになって…

ふーん
茜は
何をして
いる時が
一番幸せ？
うーん
やっぱ
食べてる時
かなあ
ガクッ
とくに
パンかなあ
ちょっと
小腹がすいた時
軽く
食べられて
ケーキみたいに
甘すぎないで
あのふっくら感と
もっちり感に
満たされちゃう…
海外に
行った時は
その国独自の
パンの文化や
歴史に心が
おどるわ
国の数だけ
パンがある

日本じゃ あまり見ない パンを見つけると
ショーウインドウに はりついて どんな味 なんだろうと 心がときめいちゃう
それ いいんじゃ ないか？
え？
何なら パン教室に 通って
そのうち 茜のパン屋さん なんてやってみたら
？
えーっ！

そんなこと今まで一度も考えたことなかった…
ご注文お決まりですか?
えーと僕はコーヒー茜は?
私今からパン教室に申し込んでくる!
すっ
ありがとうあとで電話するね
え…
だっ
そうかあ
好きなことや夢は実現させることができるんだ!
夢は叶えるためにある!
何て素敵なの
やれやれ火の玉娘だな
すごい行動力…

茜　リフトアップ、感動しました。一瞬で見た目が変わるからびっくり！

青木　ハンドヒーリング美容法もおすすめですよ。

茜　レイキが美容法にもなるなんて、思ってもみませんでした。

◆レイキで美人に！

女性の悩みといえば、肌のたるみやくすみ。その原因のひとつに、「たるみのオーラ」「くすみのオーラ」があります。

美容、健康のトラブルへの対処法は、肉体、心、社会、スピリチュアルの四つのアプローチがあります。まんがでは、肌に触れずにリフトアップする、スピリチュアルな対処法をお伝えしました。

もし、化粧品や食事などで改善されないたるみ、くすみがあれば、**スピリチュアルな原因がひそんでいるかもしれません**。肉体的なアプローチだけでなく、さまざまな角度から試してみましょう。

さて、使い捨てカイロを貼るだけでやせる、というダイエット法が話題となっていますが、レイキは身体がポカポカになる「天然のカイロ」です。お金もかからず、ヤケドすることもなく、いつでもどこでも安心して使えるのですから、使わない手はありません。

一説には、体温が一度上がると、基礎代謝は約一二％アップして、逆に一度下がると、基礎代謝は約一〇％ダウンするそうです。つまり、体温を上げるだけで、ふだん何もしていない状態でも、やせやすい身体になれるのです。

しかも、精神的にリラックスできるので、ストレスが原因で身体が冷えている人や、免疫力が落ちている人にもオススメです。

では、手当てで身体を温め、体温を上げるのに、もっともふさわしい場所はどこか？

エネルギーの反応で調べると、**「お腹の真ん中あたりに手当てをしなさい」**と、身体が教えてくれました。東洋医学では「中脘《ちゅうかん》」といい、冷え性のツボとして知られているそうです。

◆身体を温めて健康になる

まずは、おへそとみぞおちの真ん中あたりに手を当ててください。

上下に位置をずらしてみると、ポカポカと温まる場所があると思います。その場所を、前後からはさむように手を当ててみましょう。

女性は右手をお腹がわ、左手を背中がわに当てます。男性はその逆で、右手を背中がわ、左手をお腹がわに当てます。

そして、**「愛してるよ～」と言いながら深呼吸をして、お腹がふくらむのに合わせて、内側から愛があふれ出すのを感じましょう。**

二、三分もすると、ポカポカと温かくなってきます。そうしたら、次にへその下も手当てしましょう。

へその下は丹田《たんでん》と呼ばれ、東洋医学ではエネルギーの集まるところと考えられています。「気海《きかい》」や「関元《かんげん》」と呼ばれるツボもあり、神経が集中している部分です。へその下も同じように温めてあげると、下半身全体がポカポカと温まってくるのがわかるでしょう。

へその下は、冷え症、生理痛など、女性特有の症状にも効果がある場所と言われています。生徒さんの中には、冬は靴下の重ね履きが欠かせなかったのに、レイキを始めてから、靴下がいらなくなったという人もいます。

そもそも靴下の重ね履きは、血行不良の原因になるだけでなく、邪気をためてしまう恐れがあります。冷えが強い人は靴下ではなく、ひざかけで太ももを温め、レッグウォーマーで足首を温めておくと、より効果的に「温活」ができます。

これは、**体質改善のレイキ美容法ですので、「継続は力なり」**です。即効性のあるリフトアップやバストアップと合わせて、内側と外側、両方から美しく輝きましょう。

もちろんレイキは安全ですから、エステやアロマなど、いろいろな美容法と組み合わせても問題ありません。

◆自分にぴったりな化粧品は？

以前、受講生から「最近、肌が荒れてきたんですが……」という相談を受けたことがあります。そこでエネルギーの反応を調べてみると、「化粧品が影響している」と、お腹のあたりからオーラがメッセージを伝えてくれました。

聞くと、たしかに化粧品を変えてから、肌が荒れ始めたのだそうです。

それでは、いまの肌に合う化粧品はどれか？　オーラの反応で調べたところ、ぴったりの化粧品を見つけることができました。

みなさんも、化粧品との相性をオーラで感じる練習をしてみましょう。

これは「身体の声を聴く」ためのレッスンでもあります。**人と比べず、自分と対話する**

トレーニングです。

まずはヒーリングして、ゆるんだ状態で始めましょう。茜さんのように直感力もアップし、「本当の声」に気づきやすくなります。

①自分のオーラをチェックする

自分に手のひらを向け、「自分のエネルギー」という検索キーワードで、遠くから近づけてみましょう。なんとなくフワッとした境界線を感じられると思います。

②化粧品との相性をチェックする

次に、化粧品との相性を自分のオーラの変化でチェックしてみましょう。

化粧品を持つと、①ふくらむ、②消える、③変化なしという、三種類の反応があるはずです。あなたをパワーアップしてくれるラッキーアイテムは、①の化粧品です。

化粧品選びに限らず、人生は選択の連続です。何かで迷ったとき「本当の声」を聴くことができるよう、日々、感性を磨いておきましょう。

ぷち
レイキテスト 4

Q1 顔をリフトアップするには？

Q2 冷え性の手当てのポイントは？

Q3 身体の声を聴くときの注意点は？

Q4 オーラの三つの変化とは？

Q5 健康・美容を増進するための、
四つのアプローチとは？

← 答えは 184 ページへ

あした話したくなる
「スピネタ帳」

垢《あか》すりには、肉体的な美肌効果以外にも、スピリチュアル的な浄化効果もあることを発見しました。半年に一回くらい垢すりをすると、垢にたまった邪気がとれてスッキリ浄化されます。ただし、擦りすぎに注意！

明治天皇の御製

（和歌）

色々に　咲きかはりけり　おなじ種
まきて育てし　撫子の花

【訳】「同じ種から、同じように育てたのに、色も形も違うなでしこの花が咲いてしまった」

意味

兄弟、姉妹でも、天命（花）が違います。他の人と比べずに、あなただけの花を、一所懸命咲かせましょう。どんな花が咲くかわからないから、面白いんです。

第6章
癒しのレイキ・ヒーリング

まず不調の原因 疲れ 不安 悩み 痛みなどを
オーラをスキャンして探します
マイナスの反応がある場所にまず第1シンボルを描いて浄化しましょう
エネルギーの流れが悪くなると呼吸が浅くなり 他からのエネルギーが身体につきやすくなります
そのために手当てが必要となってくるのです
治そうとか癒そうとか思いや念を入れずに自分もリラックスしておきます
するとよりエネルギーが通りやすくなります

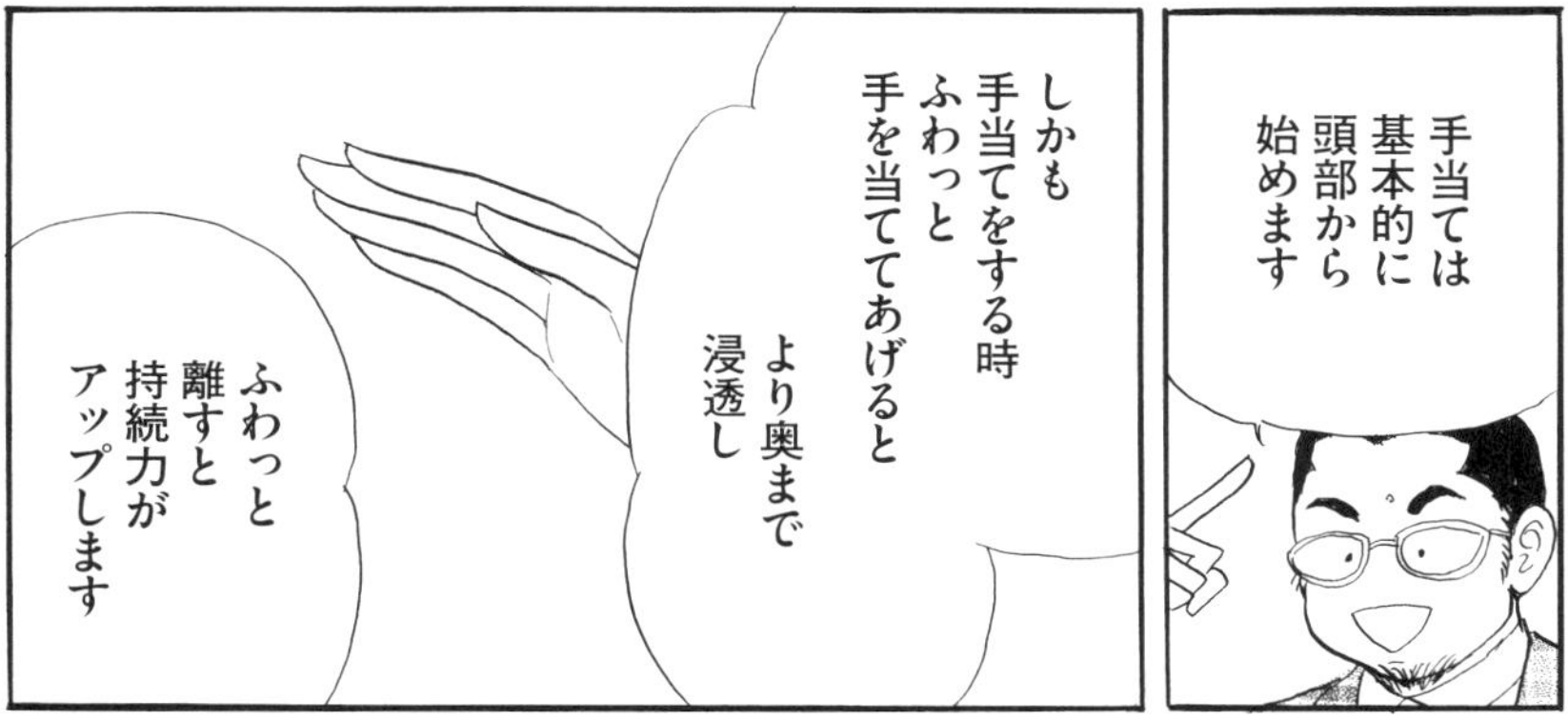

スタンダード・ポジション

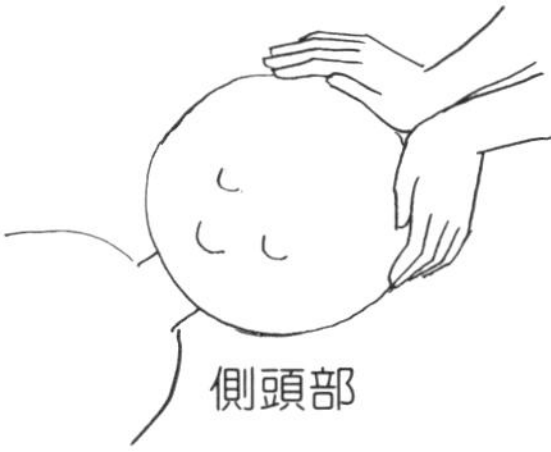
側頭部

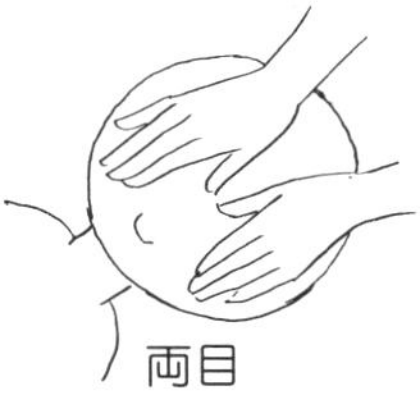
両目

後頭部

後頭部を
軽く持ち上げ
手を当てます

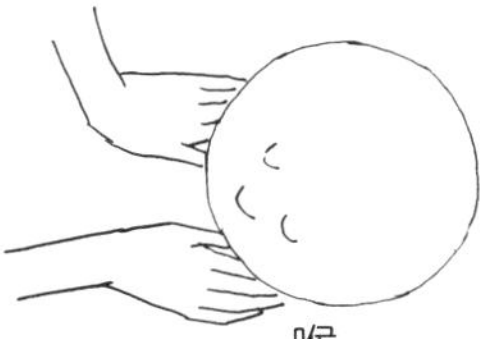
喉

喉から下は
相手の左側に右手
右側に左手を
当てます

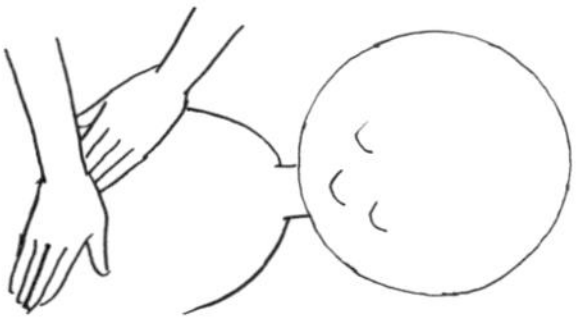

胸の下から肋骨周辺に
手を当てます

鎖骨周辺に手を当てます

太ももの付け根
（そけい部）に
手を当てます

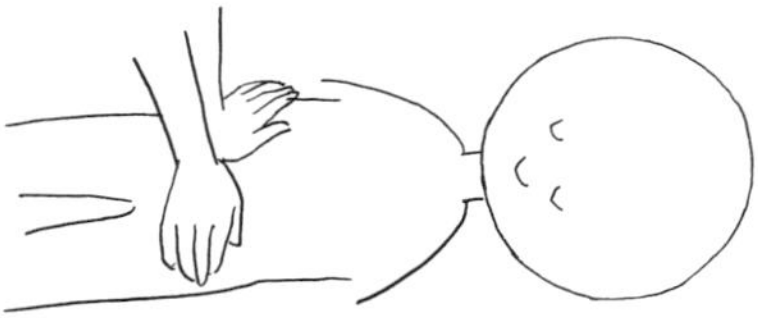

お腹周辺や
おへその両サイドに
手を当てます

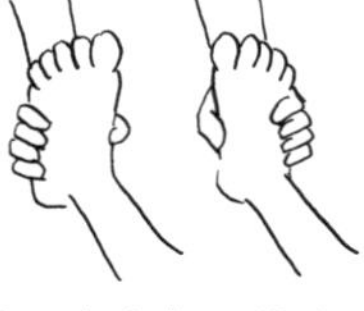

足の裏を包み込むように
手を当てます

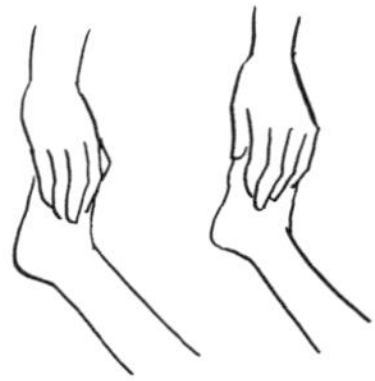

足の甲を包み込むように
手を当てます

うつぶせになってもらい
肩甲骨の両サイドに
手を当てます

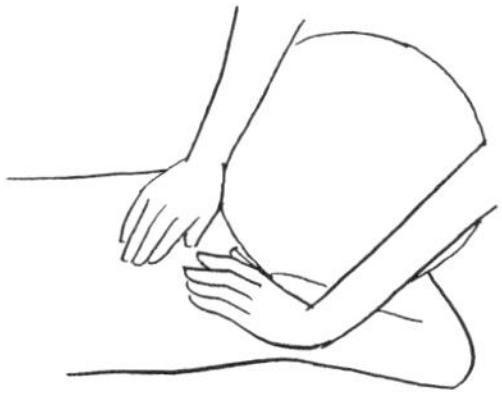

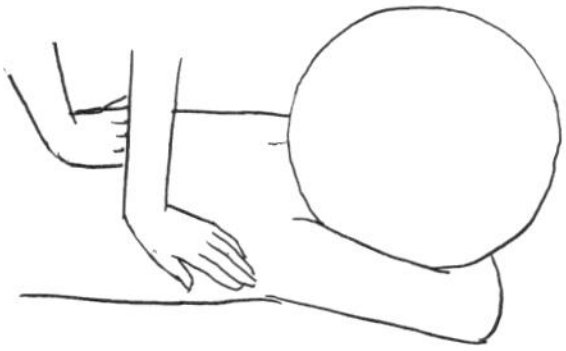

肩甲骨の下
背中の中央に手を当てます

ウエストラインに
手を当てます

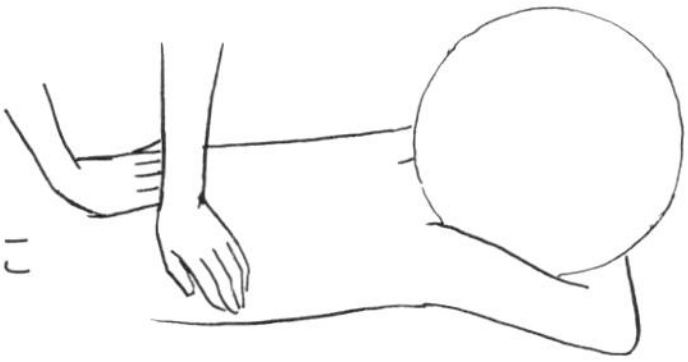

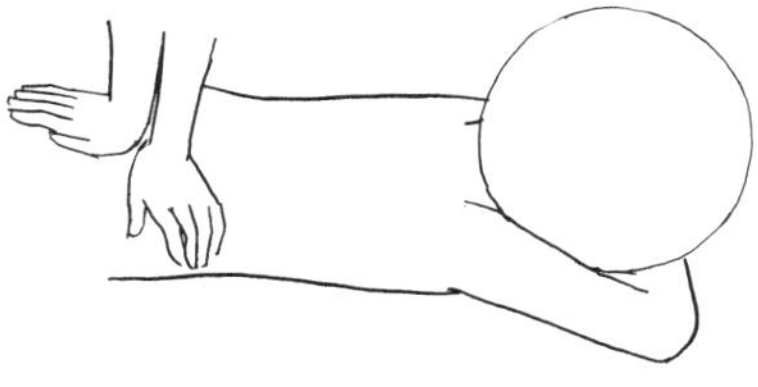

骨盤に
手を当てます

またヒーリングをしたい人が遠くにいる場合
遠隔ヒーリングを行ないます
まず第3シンボルのマントラを唱え
その相手を目の前の光の中に呼んで
オーラチェックで疲れを探します
第1シンボルを描いて左回りにして浄化し抜いてから
キレイな光をイメージして
右回りでその光を注入します
終わったらその人に光の空間から帰ってもらいます
バイバイ…
そしてヒーリングは犬や猫などのペットにも効果があります

わー 難しそう… そんなこと 私に できるかなあ 自信ないなあ…
できますよ
愛があれば
愛があれば？
ヒーリングとは その人の 自然治癒力を サポートして いるだけで
ヒーラーは ただ自分が パイプとなって
天が与えてくれる 無限のエネルギーを 橋渡しして あげているだけ です
優しい 気持ちで ヒーリングして あげれば いいんですよ

彼と一緒だと
ただの
散歩も
楽しい…
でも
本当は
手をつないだり
腕を組んだり
したいんだ
けどなあ…
いまいち
まだ
それをしかける
勇気が
出ないのよね…
カッ
ズデッ
いたたた…
やだ
みっともない
あー
ヒールが！
ポッキリ

僕につかまって
すぐ靴屋に行こう！
あ ありがとう
この靴 お気に入りだったけど壊れてラッキーかも…
こちらが今年の新作です
わー みんな素敵！でもちょっと高いなあ
この間のドレスのおわびに僕がプレゼントするよ
どれでも好きなの選んで
本当？
わお！やっぱり超ラッキー

じゃあ これに するわ
わー ピッタリ!
それに はき心地も いいわ
ありがとう 宝物に するわね
あのー 壊れた靴は 処分して もらっても?
いえ ここに ございます
お客さまが 靴をお選びの間に 修理して メンテナンスもして おきました
えーっ
うそみたい!
こんなことってあり?

ねー私今すごいことに気づいちゃった
ん どんなこと？
ドレスが汚れたり靴が壊れたりした時は不運に思い悲しかったけど
でもそのおかげであなたと会えてこうして付き合えたし
今だって新しい靴を買ってもらえて
おまけに壊れた靴も直ったわ
一見不運に見えることもあとになってみれば本当は幸運のきっかけだったのかもしれないと思ったの
だから悲しむ必要なんかないんだって
そう思ったら不運なことにも感謝できる気持ちになったの
それが一時的に不運であっても幸運を引き寄せることができるんだわ

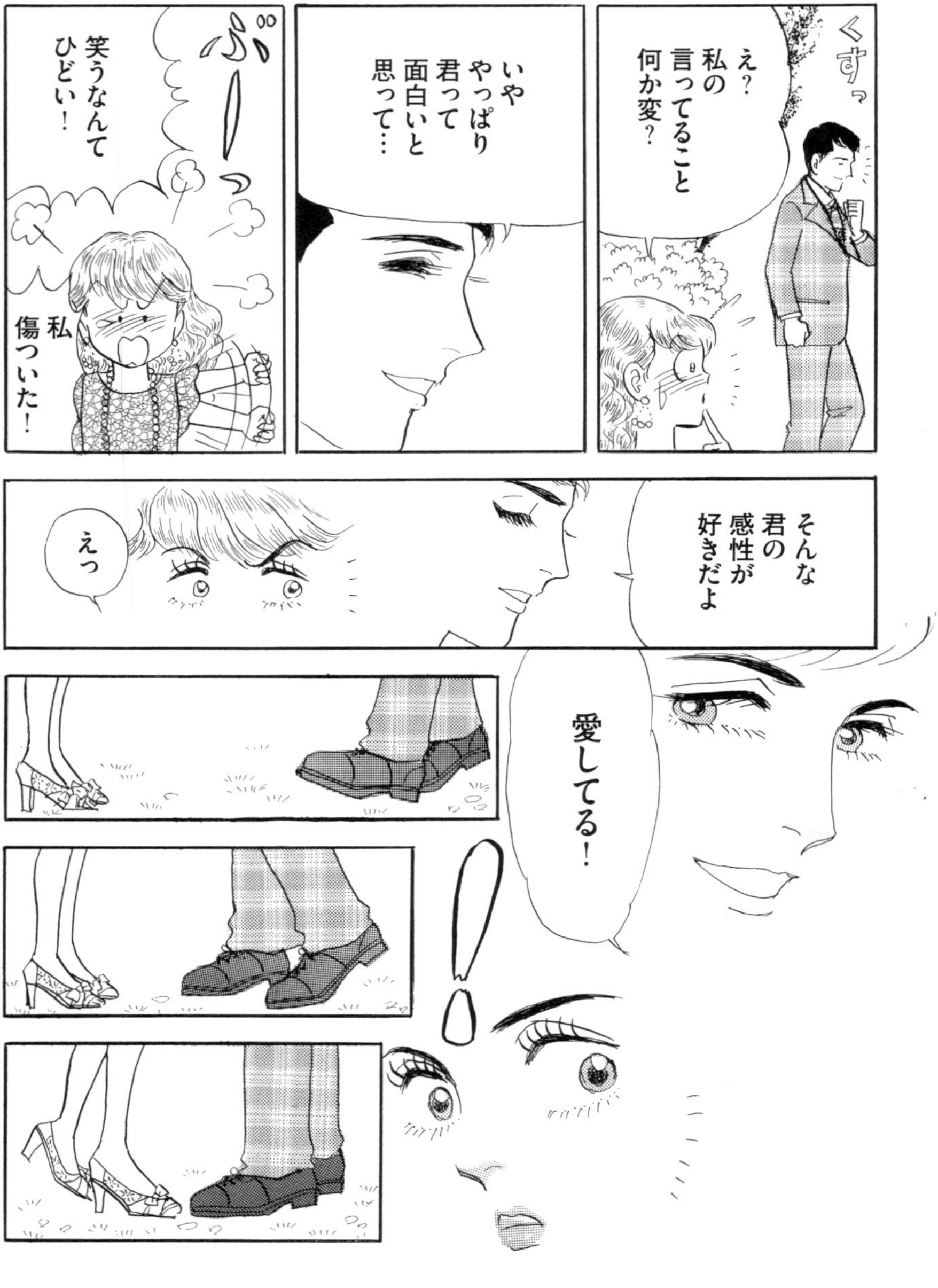
くすっ
え？私の言ってること何か変？
いややっぱり君って面白いと思って…
ぷーーっ
笑うなんてひどい！
私傷ついた！
そんな君の感性が好きだよ
えっ
愛してる！
！

わお
すべてに
感謝…

茜　「レイキ・ヒーリング」ってなんですか？

青木　レイキのエネルギー（宇宙の根源からのエネルギー）を使って、身体や心を癒す手法のことだよ。

茜　へえ。「手当て」とは違うんですか？

青木　手当ての効果＋レイキの効果＝レイキ・ヒーリングの効果、そんなふうにとらえてください。

◆科学的に解明されはじめた「手当て」の効果

けがの治療のことを「手当て」と言いますが、人とふれ合うだけで「幸せホルモン」「ラブホルモン」「絆《きずな》ホルモン」「癒しホルモン」など、数々の異名を持つ「オキシトシン」というホルモンが分泌されることが、科学的にわかってきました。

このホルモンが分泌されると、**幸福感、学習意欲、記憶力、免疫力、信頼関係など、あらゆる面で効果が期待できる**というから驚きです。

また、人に親切にしたり、「すごい！」「キレイ！」などポジティブな言葉を発したり、感動する体験をしたりすることでも、オキシトシンは分泌されるそうです。

また、ワンちゃんと飼い主がふれ合うことでも、おたがいに幸せホルモンが分泌されることが、二〇一五年、雑誌『サイエンス』に掲載され、話題になりました。

このように、科学的にも解明されはじめた「手当て」の効果ですが、手当てをするときには、**ただ適当に手を当てるより、エネルギーの法則にそって手を当てたほうが、さらにパワーアップが望めます**。

また、「治そう」とか、「癒してあげよう」とか思わずに、ただ手を当てることもポイントです。

◆秘伝「シンボル・マントラ」

レイキ・ヒーリングには、手当てだけではなく、シンボル・マントラというものがあります。

文字や記号のエネルギー＝シンボル。

そして、言霊のエネルギー＝マントラです。

伝統レイキでは、それぞれ印《しるし》、呪文と呼ばれていました。

手当てと同じように、五戒を実践するためのサポートツールとして効果を発揮します。

海外のレイキでは、独自に変化した活用法が伝えられていて、レイキの教室では、主にレベル2で伝えられています。

前著『レイキの教科書』では、誤った理解を検証・修正するため、すべて公開しましたが、「秘伝を公開してはいけない」とおっしゃる先生も多かったので、今回は使い方だけお伝えしましょう。

①第1シンボル・マントラ

ヒーリングをする前によく使うシンボルです。モノや人、場所にたまったマイナスエネルギーを、浄化するときに使います。

左巻きで浄化。右巻きで活性化します。

必ず先に、左巻きで浄化しましょう。マイナスエネルギーに右巻きを描くと、活性化し、拡散してしまいますので、使い方には気をつけてくださいね。

②第2シンボル・マントラ

自分が不安を感じたり、他人の愚痴を聞いたりしたとき、感情を浄化するために使います。五戒を実践するために、最初は使う頻度が高いシンボルです。

「怒りや不安が出たときにマントラを唱えると、スーッとして冷静になり、ネガティブ・スパイラルにハマらなくなった！」

「人の愚痴を聞いても疲れない！」

と生徒さんに喜ばれています。

③第3シンボル・マントラ

このシンボルには、遠隔ヒーリングの能力を伝授するためのもの、という誤った理解がありますが、センターリングのエネルギーです。

マントラを唱えると、丹田からエネルギーが出てきます。つまり、**気持ちを落ち着けて、五戒のひとつ「業を励む」ためのシンボル・マントラ**です。浮ついた意識を丹田に戻すことができます。

◆手当てがパワーアップするコツ

身体にはエネルギーの流れやすい方向があります。この流れに合わせた「手当ての法則」を知ることで、もっと効果的なヒーリングができるようになります。呼吸を感じながら、手当ての違いを体験してみましょう。

①手当ての基本

頭は、右側に右手、左側に左手を当てるとスムーズにエネルギーが流れます。首から下は、右側に左手、左側に右手を当てるとスムーズにエネルギーが流れます。身体の中心ラインは、女性は、お腹がわに右手、背中がわに左手。男性はお腹がわに左手、背中がわに右手です。

流れにそって手当てをすると、頭から足にエネルギーが流れますが、**逆流すると頭にエネルギーがたまり、のぼせた感じになります**。これを好転反応と誤解している人も多いので、注意してください。

②エネルギーの違いを比べる

お腹に手を当ててみてください。女性ならお腹がわに右手、背中がわに左手です。深くゆったりとした呼吸が、身体に広がるのを感じられると思います。

では、ためしに逆にしてみましょう。お腹がわに左手、背中がわに右手を当ててください。いかがでしょうか？　息が浅くなったと思います。

エネルギーの流れにしたがうことで、より深くリラックスでき、手当ての効果はパワーアップするのです。

呼吸のチェックではわかりにくい、という方は、オーラをチェックしてみましょう。逆流すると頭にたまり、本来の流れにすると足に流れていることが、オーラにさわることで確認することができます。

◆ペットにもレイキ・ヒーリングを

ペットにもレイキ・ヒーリングは有効です。

事故にあったネコちゃんに手当てをしたところ、奇跡的に回復し、獣医さんにびっくりされたという方や、レイキを習いはじめてからネコが寄ってくるようになったという方もいます。

手当ては、誰にでもできる愛の表現方法です。

「私たちを健康で幸福にしてくれるものは、富を蓄えることでも、有名になることでもなく、友だちや家族とよい関係を築くこと、これに尽きる」

こんなふうに、米ハーバード大学の研究でも証明されています。

まずは自分に手を当てて、愛で満たすことから始めましょう。「類は友を呼ぶ」という言葉があるように、**自分を大事に扱うことで、自分を大事にしてくれる仲間が引き寄せられてきます**。

愛するということは、大切なものを大事にするということなのです。

ぷち レイキテスト 5

Q1 お腹の右側には、左右どちらの手を当てる？

Q2 身体の中心は、女性のお腹には右手、左手どちらを当てる？

Q3 第1シンボルの左巻きは何に使う？

Q4 第2シンボルはいつ使う？

Q5 第3シンボルはどんなエネルギー？

← 答えは 184 ページへ

あした話したくなる

「スピネタ帳」

ヒーリングのあとは、塩で手を洗うと浄化されますが、強い後悔や挫折感を感じたときにも、すぐ手を洗うと心が浄化されます。気持ちを切り替えたいときにも、手を洗いましょう

明治天皇の御製
（和歌）

たらちねの　親につかへて　まめなるが
人のまことの　始なりけり

【訳】
「心から親孝行できて、本当の人生が始まります」

意味

あなたを産み育ててくれた人、会社、国、地球、宇宙と、順番に親孝行することで、人生が飛躍していきます。

第7章
時空を超える遠隔ヒーリング

…RRR
な
何よ
こんな時に
ポリ…
ん？
実家の妹から
？
えっ
お母さんが
倒れた？

それで今容体はどうなの？
1週間前に倒れて入院したけど
今は落ち着いて家に帰って寝ているわ
ホッ
よかった
お姉ちゃん一度家に帰ってきたら？
きっとそのほうがお母さんもよくなると思うわ
でも私お父さんに言われたのよ
家を出て行くんなら二度と帰ってくるな！
……
でも今日お姉ちゃんに連絡しろと言い出したのはお父さんよ
もう心の中ではお姉ちゃんのこと許していて
帰ってくるのを待っているんだと思う

ごめんね
私帰るわ
明日の始発の
新幹線で
新潟に行く
支度しなきゃ
今から
僕が車で
送ろうか?
そのほうが
早く
着けるよ
えーっ
そんなの悪いわ
あなたは仕事も
あるんだし…
君の家族なら
僕にとっても
大切な人だよ
さ
早く
行こう
じわ
ブロロロ

本当言うとね 私 家族とは ずっと 疎遠状態 だったの
父親の 反対を押し切って 東京に出てきて しまったから
何か あったの？
実家は農家で 私は長女だから 婿養子をとって 家を継がなきゃ ならなかったん だけど
私は 自分の可能性に 挑戦したくて 家を出たから そのために妹が 私の代わりをしなきゃ ならなくなったの
私 みんなに 合わせる顔がないわ
妹とは 仲がよくて いつも近所の いじめっ子から 守ってあげてたのに…
じゃあ今回 みんなと 仲直りできる いい機会なのかも しれないよ
でもお母さんが 手遅れになったら 許してもらえないわ
今日だけは 心配するな

そうだわ この間教わった 遠隔ヒーリングを やってみよう
えーと まず 第3シンボルを 描いて
目の前に 光を思い描いて
その中に 母親の姿を 映し出して
母親の オーラから 具合の悪い ところを探す

第1シンボルを 左回りに 描きながら 浄化して

宇宙の根源から 来るエネルギーを そこに 注ぎ込む

ホウッ
今 何をしていたの？
レイキで教わった遠隔ヒーリングよ
うまくできてたらいいんだけど…
茜は不思議な人だね
あら レイキは誰にでもできるのよ
私ずっとレイキの教室に通ってるの
青木先生って男の人
あの… あなたは私が男の人の教室に通ってることを気にする？

何で？
僕がやきもちを焼くとでも？
ん…
僕は茜を信頼しているからね
尊敬と信頼をできない人とは親しくなんかできないよ
んー過去の自分に反省…
それに僕は茜を尊重している
今母親の無事を祈っている茜の姿は神聖で美しかったよ
あはは…そんな大げさな…
本当だよその姿を見て僕は確信したんだ
君こそが一生をともに生きる僕の真のパートナーだと

運転中で悪いんだけど
一刻も早く君に言いたいことがある
?
僕と結婚してくれませんか?
!
今すぐに決められなくても僕はずっと待つから考えてみて
わ私もうあなた以外の人を考えられない
他の人となんか死んでも嫌!

じゃあ返事はイエス？
イエス！イエス！イエス！
100万回でも私言うわ
イエスよ！

ただいま
茜よ！
お母さんは？
ガラ
あ　お帰り
お姉ちゃん
早かったね
明菜
お母さんは？
さっきまで
少し苦しそう
だったけど
3時間くらい前に
急に楽になって
今は寝てるわ
私が遠隔した
ころだわ
よかったね
君の祈りが
通じたんだ
お母さん…

お父さん すごく ふけた…
母さん 母さん 茜が帰って きたよ
茜が帰って きたんだよ
茜? 本当に 茜?
気がついたの お母さん
夢じゃないのね 本当に 茜なのね
そうよ 茜よ お母さん
元気そうで よかった ずっと 心配して…
おや その人は?
あ えーと この人は その 何ていうか…
どぎ まぎ…

今 茜さんと お付き合い させて もらっている 宗像道久と 申します
ガバッ
どうか 茜さんとの 結婚を お許しください
!
まあ そんな大事な人が いらしたっていうのに 私ったら…
気に なさらないで ください
ふつつかな 娘ですが 茜のことを どうぞよろしく
はい

……
お姉ちゃん やるうっ
なかなかのナイスガイじゃん 東京に出てったかいがあったね
ん でもあんたにはすっかり迷惑かけちゃって…
でもまあ迷惑とばかりは言えないかな…
ポリポリ…
え？
おーい遅くなってごめん
あ 私の彼を紹介するわね
近藤潤です
お久しぶりっす！

お久しぶり
?
あーっ 小さいころ 明菜をいつも いじめていた あのガキ大将
あんたたち いつから そんなことに
?
実は 最初から おたがいに 初恋の相手 だったのよ ねー
そうっす！
あっけ
彼 三男で 家業を継げないから 婿養子になって
私と一緒に うちの農業を 継いでくれる ことになったの
来年 結婚式だから 絶対来てね

じゃあ
私が家を
出て行ったほうが
あなたたちには
かえって
よかったの？
まあ
そんなとこかも
だから
お姉ちゃんの
せいで
私が犠牲に
なったなんて
思わなくて
いいからね
……
とにかく
私は今
お母さんに
ヒーリング
してくるわ
私今
レイキを
習っているの
レイキ
って？
さあ
食い物？
すべての人に
美しいドラマが
あるのね
幸せの扉は
いつも目の前にあり
私たちが開けるのを
待っているんだわ

私はただ宇宙の根源からの愛を伝えよう
お姉ちゃんきれい…
だろう？
あれで僕もまいったんだよ
心から人の幸せを祈る姿以上に美しいものはない

スー
スー
お母さん かなり 楽になった みたい
よかった…
最初は 自信なかった けど 何とか やれたのね
できますよ 愛さえあれば
本当ね 先生の 言う通り だったわ
ところで 彼はどこ?
あっちで みんなと 酒盛りしてるわ
あー お酒弱いのに…
やれやれ…

お姉ちゃん みんなに 毛布かけるの 手伝って
うん
ほら 風邪 ひかないでよ
茜 愛してる …
茜…
ぎゅ〜ッ
ボッ
茜 茜…
お父さんも 私の帰るのを ずっと 待っていて くれたんだね…
私 みんなにこんなに 愛されてたんだ
ありがとう みんな ありがとう…

茜 「遠隔ヒーリング」って、特別な力は必要なかったんですね！

青木 目の前にいない人をヒーリングする能力は、みんな持っているんです。

茜 不思議だけど、私にもできました！

◆離れて住むあの人に「遠隔ヒーリング」

いま目の前にいない人、遠くに離れて住んでいる人をヒーリングしたり、浄化したりすることを「遠隔ヒーリング」と呼びます。

「本当に手を触れずにヒーリングできるの？」と、不思議に思うかもしれませんが、すでにたくさんの方が効果を実感されています。

そもそも、**遠隔ヒーリングの能力は、誰でも生まれたときに与えられています**。

たとえば、連絡しようと思った相手から電話がかかってきたとか、メールがきたといったことはありませんか？　それは連絡する前に、その人をイメージした時点で、その人とつながっているからです。

この目に見えないつながりを利用しているのが遠隔ヒーリングです。

遠隔ヒーリングは、イメージした相手のエネルギーに触れながらヒーリングするので、家族と離れて一人暮らしをしている方や、遠距離恋愛中の方も、大切な人のぬくもりを肌で感じながら癒してあげられるようになります。

また、遠隔ヒーリングもペットに効果的です。

「動物病院やペットサロンにペットを預けている間に、遠隔ヒーリングしてあげたい」

「小鳥は小さくて、直接、手当てができないから、遠隔でヒーリングしたい」

そんな優しい飼い主さんも増えています。

また、レイキの授業中に生徒さんから、「ワンちゃんの肝臓の数値が高い、って獣医さんに言われたんですが、原因がわからないんです」と相談されたときも、遠隔ヒーリングが役立ちました。

そのときは、遠隔でワンちゃんのオーラを調べてみると、「使っていないおもちゃが足に影響している」という反応がありました。そこで、それを捨ててもらったところ、たちまち「数値が下がって元気になりました！」との報告がありました。

このように、**離れている人も喜ばせることができるのが、遠隔ヒーリングのいいところ**です。

◆イメージは「なんとなく」で大丈夫

では、遠隔ヒーリングの練習の前に、イメージのトレーニングをしてみましょう。

この話をすると、「私、イメージ力がないんです」とおっしゃる人がいますが、**イメージ力がない人は一人もいません。**

家族や友だちの中から、一人だけ思い浮かべてみましょう。思いつく友だちや家族がいなければ、芸能人でもかまいません。なんとなくシルエットが浮かんだり、雰囲気を感じたりするでしょう。

映像をはっきり描く必要はありません。もしかしたら、声や匂いが先に浮かぶ人もいるかもしれません。

なんとなく、その人をイメージできましたか?

それでは、もう一人、別の人を思い浮かべてみましょう。最初にイメージした人と違うのがわかりますよね。

「当たり前でしょ!」と思うかもしれませんが、それはあなたにイメージ力があるからです。だから、違いがわかるのです。

その違いが、いわゆる「波動」と呼ばれるエネルギーです。

遠隔ヒーリングをするときも、顔の細かい部分がわからなくても、「なんとなくこんな感じかな?」というくらいで大丈夫です。

まとめると、遠隔ヒーリングに必要なのは、次の三つだけです。

①イメージ力
②エネルギーを感じる力
③相手を特定できる情報

これだけあれば、誰でもすぐにできます。

慣れてくると、知らない人に遠隔ヒーリングをすることもできるようになります。会ったことのない人のエネルギーを、感じることができるのです。ただ、その際は、住所、名前、生年月日が必要です。

また、これまでは、遠隔ヒーリングが成功しているかどうか、確かめる方法がありませんでした。ただの思い込みや、プラセボ効果との違いがわからなかったのです。

しかし、この数年で、レイキの技術が飛躍的に進化し、誰でもオーラを感じることができる「技術」が発見されたので、遠隔ヒーリング前後のエネルギーの変化も、みなさん自分でチェックできるようになりました。

本来、誰にでもできることなので、難しく考えずに楽しくトライしてみましょう。いまはスカイプなどで、海外にいる人ともテレビ電話で話せるので、それを活用するのもよいでしょう。

写真を使って練習をしてもよいと思います。

◆まずは「自分の背中」で試してみよう

とはいえ、練習相手がいない人もいらっしゃるかと思います。そこで、**手の届かない「自分の背中」をヒーリングしてみましょう。**

身体を左右にひねったりして、コリや痛みを感じる場所にヒーリングすると、効果を実感しやすいと思います。

①はじめての人は、へその下に手を当てて深呼吸しましょう。レイキを習ったことのある人は、第3シンボルを描いて、マントラを唱えます。

②目の前に「光の空間」をイメージします。
③「光の空間」の中に、自分の背中をイメージします。
④自分の肩や腰など、「重たいな〜」と感じる場所に、イメージした光を注いで浄化します。浄化するだけでも軽くなってくると思います。
⑤目の前にイメージした自分の背中に、実際に手をさし出して、手当てをしてみましょう。背中にさわっている感覚をおぼえるかもしれません。手当ての法則にしたがって、右手、左手の置く場所が変わります。
⑥オーラをチェックして、マイナスのエネルギーが消えていたら成功です。イメージした自分の姿を消して、「光の空間」も消して終了します。

いかがでしょうか？　背中は軽くなりましたか？

動きまわってしまうワンちゃんや、ネコちゃんのようなペット、じっとしていられない小さなお子さんなども、遠隔ヒーリングだったら、かんたんにヒーリングしてあげることができます。

私も仕事が忙しくて、夜が遅くなってしまうときは、よく自分の子どもたちに遠隔ヒーリングをしてあげています。

このように遠隔ヒーリングは、場所を選ばず、いつでも使える、とても便利な能力なのです。

ぷち

レイキテスト6

Q1 遠隔ヒーリングって何？

Q2 誰でも遠隔ヒーリングができるのはなぜ？

Q3 遠隔ヒーリングは、人間以外に
どんな使い方がありますか？

Q4 昔は、第何シンボルが遠隔
ヒーリングだと伝えられていましたか？

Q5 遠隔ヒーリングに必要な
三つのポイントは？

← 答えは 184 ページへ

あしたくなる

「スピネタ帳」

携帯電話の着信・発信履歴、たまっていませんか？　履歴をためておくと、健康や運気を妨げてしまいます。メールやＬＩＮＥなどの履歴も、消しておくとスッキリ浄化されますよ。写真などのデータも整理しましょう。

明治天皇の御製

（和歌）

つもりては　払ふがかたく　なりぬべし
塵ばかりなる　事とおもへど

【訳】「小さな塵《ちり》ぐらいと思っても、積もってしまったら、とり払うことは難しくなってしまいますよ」

意味

ふだんから浄化や瞑想など、身体の声を聴く時間をとって、小さな兆しをキャッチしましょう。「品の山の病」と書いて癌《がん》と書くように、病気になってから治すのは時間もお金もかかります。

第8章
「回路」を開いて宇宙とつながる

回路とは宇宙とつながるへその緒みたいなものです
回路は全部で7つあり
①大泉門
⑦第3の目
②手のひら
④ハート
⑥丹田
③足
⑤中心軸
回路を開くとエネルギーが活性化され
オーラの輝きも増し
宇宙からの根源の光とよりつながりやすくなります
わあ素敵！それって一生続くんですか？
そうですねでも日々のトレーニングは必要ですよ
私うんとがんばります
じゃ今日はメンテナンスしましょう

パチン
はっ
どうですか?何か感じましたか?
うーんあんまりはっきりとは……
私もまだまだですね
自分で感じなくても大丈夫ですよ
回路を開くと宇宙の根源のエネルギーが全身に流れてあふれ出すから
外からみんなでチェックしたほうが実感できるしはっきり違いがわかるんです

そうですか
でも私 今自分のオーラチェックをしてみたら
宇宙の根源からの光が広がったのを感じました
私今 宇宙の愛に包まれているみたいな感じです…
よかったです レイキは宇宙の根源からの無条件の愛の光です
ええ 私レイキのおかげで
がけっぷちだった人生が飛躍的に改善されて幸せになれたんですよ

妹にも教えてあげたら
毎日いろいろ実践して喜んでるみたいです
それにレイキは日常生活で
掃除や洗濯家の浄化にも使えてとても便利ですよね
レイキをやった人全員が同じ過程をたどり
同じゴールに着くわけではないですが
あなたの幸せはあなたが目覚めて日々努力を重ね
自分で引き寄せたものですよ
もうすぐ結婚式ですね
はいっ
どうぞ末永く幸せになってください
はいありがとうございます
にっこり

カラ〜ン
カラ〜ン
わー
お姉ちゃん
きれい…

では
ご来賓の方から
ご祝辞を
頂戴したいと
思います
花嫁の上司
松任谷主任
お願いします
こほん
私は
多くは
語りません
でも
これだけはぜひ
言っておきたい
ことがあります
ギロッ
どきっ
わー
怖いよ
主任
いったい何を
言い出すん
だろう?
あのことかな?
それともこれか?
もしあれを
バラされたら
どうしよう…
ぐるぐる

若社長!
ははい 何でしょう?
キンチョー
え? 私のことじゃないの? どっちにしてもドキドキ…
あなたは茜との結婚をどれほどの覚悟をもってなさるおつもりですか?
覚悟ですか?
さ さあ?
あなたはこれから私たちのかわいい茜をひとり占めするんだから
茜を絶対幸せにするとここでみんなに誓ってください
私と結婚するってそんなに覚悟がいることなのね
ぐすっ

もし万が一
あなたが
浮気したり
茜のことを
精神的や
肉体的に
傷つけたり
泣かせたりする
ことがあれば
私がいつでも
乗り込んでいって
あなたに必ず
制裁を加え
ますからね
バキ
しゅ
主任…
同感!
そのときは
私も主任と
同行します!
すっく
私も
私も
私もよ
私も
です!
me too!
え…
あ…

君って みんなから すごく 愛されて いるんだね
ありがと みんな ありがと…
えっ えっ…
あんまり 泣くと 化粧が落ちて ブスに なっちゃうぞ
いいもん
こんな幸せな 涙なら いくら流れても かまわないわ
私 今 この地上で 誰よりも 幸せだと 感じているのよ
それじゃあ 僕は 2番目だね
ひっく ひっく…
もうダメ
涙が 止まんない

わああああああああっ
あ～ん
もう
泣かした？
ここれは
内容が
違うと
思うよ
こわ…
正直言って
僕は彼女を
幸せにできるか
どうかは
自信はないけど
すべての涙が
悲しいわけ
じゃない
幸せな
うれし泣きも
あるから…

彼女となら
自分が幸せに
なれる自信が
あるよ
そして
彼女も
同じように
そうあって
ほしいと
願ってる
……
きゃーっ
若社長が
のろけてるうっ
ピューピュー
けっ
いい
結婚式ですね
ああ
茜は本当に
幸せだね

そうして
私は
みんなに
惜しまれながら
会社をやめ
夢だった
パンづくりの
修行に
専念した
もちろん
レイキも
毎日がんばり
宇宙の
根源からの光を
入れながら
パンをつくると
おお
美味しく
なった!
大発見やーっ
パンの味が
よくなることにも
気づいた
夢に向かって
努力していくって
素敵なことね
そうよ
夢は
願うものじゃなくて
叶えるものよ

茜のパン屋さん
BREAD
本日のおすすめ
本日開店
うーん どのパンも みんな おいしそう！
実家のお米の 米粉を使った パンもいい出来よ
実家もすごく 喜んでくれて みんなハッピー！
ホカホカ
こんな小さな お店だけど
私の願いが つまった 夢のお城よ
今の 私の人生
愛と希望と 幸せしか ないわ！

よーし
これからも
もっと
もっと
頑張るぞーっ
バブ…

茜 「回路」を開くと、宇宙の根源のエネルギーがあふれ出してきて感動しました！

青木 全身の七か所にある「回路」は、実は最近の研究で見つかったんですよ。

茜 レイキのエネルギーってホントにあったんですね

◆レイキの世界に一石を投じる

霊授《れいじゅ》とは、レイキを伝授するために開発された技術で、海外では「アチューンメント」と呼ばれています。

霊授が開発されるまでは、厳しい修行をしないとレイキは使えませんでしたが、**この技術により「誰でもレイキを使えるようになる」と伝えられていました**。

しかし、一〇年ほど前までは、この儀式でレイキというエネルギーを本当に伝授してもらえたのか、確かめる方法がありませんでした。

みなさんも、厄払いや七五三などでお祓《はら》いを受けたあと、効果があったかどうか確かめたことはないと思います。それと同じで、霊授と呼ばれる儀式も、手順通りに受ければレイキを使えるものだと信じるしかありませんでした。

また、霊授を受けると、回路（レイキの通り道）が開くと言われていましたが、回路についても、先生によって伝えている内容がまちまちなのです。

そもそも、大宇宙エネルギー、最高次元のエネルギー、普遍的なエネルギー、大自然のエネルギー、愛のエネルギー、魂のエネルギー、生命エネルギー、調和のエネルギーと、レイキは教える人によって、さまざまな呼び方をされています。つまり、**ひとことでレイキと言っても、教える人によってエネルギーの種類が違う**のです。

「本当にこの儀式でレイキを使えるようになるのかな……」

インターネットの普及により、情報が増えたこともあって、疑問に思う人が増えていきました。

◆「本物のレイキ」とは？

そこで、はじめての人でも安心して霊授を受けることができるように、約一〇〇年前に臼井先生が発見されたレイキのエネルギーとは、いったいどんなエネルギーだったのか、オーラレイキアカデミー理事長、青木勇一郎と二人で、その謎を徹底的に研究することにしました。

本物のレイキとは、いったいどんなエネルギーなのでしょう？

ある日、理事長から、「臼井先生の写真を調べていたら、強く反応するエネルギーが見つかった」という報告がありました。

その写真をチェックすると、「宇宙の根源からくるエネルギー」だけが強く反応していました。ところが、それまで伝えられていた霊授を何回試しても、同じエネルギーは出なかったのです。

そこでふたたび、臼井先生の写真からエネルギーの出ている場所を調べることにしました。このとき、レイキの研究を始めて、すでに五年以上たっていました。

私は臼井先生の写真から、全身七か所に回路があることを発見しました。それを開いていくと……**次の瞬間、宇宙の根源からくるエネルギーがあふれ出してきました。**

このときの感動はいまでも忘れられません。ついに「本物のレイキ」の存在を、確認することができたのです。

◆臼井レイキの三つの条件

ただし、私たちが見つけたエネルギーだけが「本物のレイキ」というわけではありません。宇宙には、私たちの知らない未知のエネルギーがたくさんあります。

以下の三つの条件をすべてクリアしたエネルギーなら、臼井レイキのエネルギーである可能性があります。

①伝授を受けた人、全員に共通して出ているエネルギー
②臼井先生や、直のお弟子さんから出ているエネルギー
③伝授を受けた人だけに流れているエネルギー

レイキは宗教ではないので、未検証のあいまいな部分があれば妄信せず、研究、研さんを重ねていくべきです。アインシュタインは、「何かを学ぶのに、自分で体験する以上にいい方法はない」と言っていますが、儀式のビフォー・アフターを自分でチェックをすることで、自信を持ってレイキを使えるようになります。

そうすることで、信仰を超えた能力を得ることができるのです。

◆レイキがあふれ出す「発霊法」

レイキの量を増やす伝統的なトレーニング法に、「発霊法《はつれいほう》」があります。伝統レイキでは、霊授のあと毎日実践するように指導していたようです。

発霊法は、次のように行ないます。

①合掌する
②心地よい呼吸を意識する
③目を閉じて瞑想する

このトレーニングを続けることで、臼井先生も宇宙とひとつにつながる体験をされています。精神的なストレスを軽減でき、心も身体も楽になるので、毎日数分間でもやってみましょう。

ちなみに、この発霊法をしている人のオーラをチェックすると、宇宙の根源からくるエネルギーが頭の上に現れることがわかりました。「発霊」という名前の通り、レイキが現れるのです。これを体内にとり込むために、霊授があります。

また、「宇宙の根源からくるエネルギー」と一〇回以上声に出して連呼し続けると、声に出している間だけ、身体の表面にレイキが現れることがわかってきました。

自分に手のひらを向けて、「宇宙の根源からくるエネルギー」という「検索キーワード」で、オーラをチェックしてみましょう。一〇回目くらいから、手が外に押し広げられるのを感じられると思います。また、身体が温かいエネルギーに包まれ、安心するという人もいます。

しかし、まだ霊授を受けていない人は、回路が開いていないいため、身体の中にまでレイキが流れません。言うのを止めると、すぐにスーッと消えてしまいます。

逆に、一度回路を開いた人は、つねにレイキが体内に流れ続けるので、エネルギーが消えることはありません。

この本を読んでレイキに興味を持たれた方は、信頼できる先生に、ぜひ回路を開いてもらってください。そうすれば、目に見えない宇宙の力が、あなたの人生に愛と安らぎのパワーを永遠に与え続けてくれることでしょう。

ぷち レイキテスト答え

テスト④ Q1、顔の中心から外側に円を描く　Q2、お腹の真ん中と丹田　Q3、他の人と比べない　Q4、膨らむ・消える・変化なし　Q5、肉体・精神・社会・スピリチュアル

テスト⑤ Q1、左手　Q2、右手　Q3、浄化　Q4、感情の浄化　Q5、センターリング

テスト⑥ Q1、目の前にいない人をヒーリングする手法　Q2、見えないつながりがあるから　Q3、ペットヒーリングなど　Q4、第3シンボル　Q5、イメージ力・感じる力・特定できる情報

あした話したくなる
「スピネタ帳」

魂を蘇生する飲みものを知っていますか？　じつは、正月に飲むお屠蘇《とそ》は、悪鬼を屠《ほふ》り、魂を蘇らせるという意味があります。ただし、お酒だけでは浄化できません。できれば昔の人のように、本みりんと屠蘇酸という生薬を加えて飲みましょう。

明治天皇の御製（和歌）

ひらかずば　いかで光の　あらはれむ
こがね花さく　山はありとも

【訳】「黄金の花が咲く山があったとしても、それを開こうとせずに、どうして光が現れることでしょう」

意味

一人ひとりが、黄金の花が咲く山です。無限の可能性・才能を、まだ眠らせています。目覚めるときがきました。

おわりに

あなたにも「すごい可能性」がある！

◆いちばん大事なのは「五戒」

最後まで読んでいただき、ありがとうございます。

「見えない力」を味方にする能力は、筋トレと同じで、使えば使うほどパワーアップしていきます。はじめは難しく感じるかもしれませんが、歩く、食べる、話す、計算する、文章を書くといった、あなたが当たり前に使っている能力も、最初から上手にできたわけではありませんよね。

オーラを感じたり、「見えない力」を味方にしたりする力も同じです。最初は意識的に何回もくり返し使うことで、無意識に日常で使えるようになっていきます。そして、**無意識に使えるようになったとき、次々と新しい能力が目覚めはじめます**。

この本をお読みになって、近くの教室でもっと深くレイキを学んでみようと思われた方は、まずは先生との相性で選んでみるといいかもしれません。先生によって、得意な部分が異なり、理解度も違うので、何を実感できるのかは、あなたと先生の相性によって変わってくるからです。

また、あなたが波動を高めることでも出会う先生は変わってきます。

レイキは、たくさんの技術が伝えられているため、スキルだけに目がいってしまいがちですが、レイキでいちばん大事なことは、五戒を実践できているかどうかです。

今日だけは、怒るな、心配するな、感謝して、業を励め、人に親切に。

この土台がしっかり安定し、幹が育っている人は、たとえ技術はなくても、一緒にいるだけで相手を癒すことのできる人になれます。ですから本書でも、五戒と、五戒を実践するためのレイキ・ヒーリングの活用法を中心にお伝えしてきました。

さらに私も、やり方・在り方両方に磨きをかけて、臼井先生、林先生が到達された高い意識へ飛躍していけるように精進《しょうじん》していきたいと思っています。

◆「面白い未来」へ飛び移ろう!

この本をきっかけに、レイキの楽しさや可能性がたくさんの人に広がっていくこと、そして、みなさんが元気でハッピーな人生を送られることを心から願っています。

自分の気やオーラを感じることができたように、**あなたには、まだまだ気づいていない素晴らしい能力や、すごい可能性が秘められている**ことを忘れないでください。「常識」という古い枠や、自分で設定した「限界」という幻想から抜け出し、超越した面白い未来へ飛び移りましょう。

私はレイキを通じて、日本から世界を元気にできる人の「和」を広げていこうと思っています。いつかどこかで、あなたとオーラやレイキについて楽しくお話しできる日を楽しみにしています。

最後に、本書の出版にご協力くださったすべての方々に、心より御礼申し上げます。本当にありがとうございました。

オーラレイキアカデミー校長　青木克行

付録1

あなたの疑問がみるみる解消！

レイキQ&A

茜

こんなに公開して大丈夫なんですか？

臼井先生の話された言葉を、唯一知ることができる資料と言われている、『臼井霊気療法必携』には、臼井先生がなぜレイキを秘伝とせずに公開されたのか、その理由が書かれています。ちょっと長いですが、以下に引用してみましょう（文章は、わかりやすい現代語にしてあります）。

青木

昔、独自に秘法を発見した人は、自分の子孫にだけこれを教え、一門の生活安定をはかるために、その内容を門外不出としてきました。しかし、これは時代遅れの古い悪習で、現代のように人類の共存共栄をベースとして、社会全体の発展や繁栄が求められる時代においては、一子相伝にするなんてことは許されません。

私が発見した秘法は、世界中どこを探しても、他に同じようなものはありません。しかしもともと、宇宙空間にある神聖な力（レイキのエネルギー）を活用した独創的な療法ですから、これを人類の公益のために開放し、誰でもこの天から与えられた恩恵を受け取れるようにしたいと思います。

みんなが幸せや豊かさを得るために、レイキはあります。この力によって、まず身体が元気になり、思考や感情も穏やかになっていきます。そして、心・身体・エネルギーを一つにしていくことで、発想や選択、共鳴するものが自然と変わりはじめ、人生に喜びや楽しみが増えてきます。

いまの時代は、生活の内外にわたり、改善・改造が早急に求められています。だからこそ多くの同胞を、悩める心と病から救うべく、あえて公開伝授しようと思ったしだいであります。

自分の利益よりも、世のため、人のためを第一に考えられた臼井先生。私もこの考え方に共感し、研究内容はどんどん公開することにしています。

茜 **レイキは「トレーニング不要」って聞いたんですが、本当ですか？**

青木 霊授を受ければ、修行せずに、誰でもレイキのエネルギーをとり込んで使えるようになります。でも、同じエネルギーを伝授されたとしても、パイプがさびついている人と、クリアな人とでは、ヒーリングの効果に差が出ます。五戒を実践しているかどうか、毎日浄化をして心身を磨いているかどうかが重要です。

これを「練習」とか「訓練」と考えると重く感じますが、毎日レイキと共鳴し、人生を豊かにする習慣づくりと思えば楽しく続けられます。

茜 **「たった一日で先生になれる」と言われたのですが、本物のレイキですか？**

青木 「一日でピアノの先生になれますか？」という質問と同じです。一日で学べる範囲だけ学べるということです。本物のダイヤモンドといっても、数千円から数億円までクオリティに違いがあるように、レイキにもいろいろな質の違いがあります。

大正時代につくられた臼井レイキ療法は、「初伝」「奥伝」「神秘伝」の三段階があり、数か月から数年かけてやり方と在り方を磨き、その後もピアノと同じように毎日使いながら、能力や精度を高め、自己成長するプログラムでした。神秘伝（ティーチャーコース）は伝授のやり方を教えるレベルですが、臼井先生は二〇〇〇人の会員さんの中から、技術と素養を兼ね備えた二〇名しか選ばなかったそうです。

いまは、能力や素養に関係なく、一日でレイキを学べるスクールや、先生の資格を与えるスクールが増えています。個人的には、一日で先生になれるとは思いませんが、一日で簡単に学べるレイキを求める人が増えているということなのかもしれません。

茜

私の回路、開いていますか？　本当に開いているか不安です。

青木

五戒でも「心配するな！」と言われるように、漠然とした心配や不安があれば、ひとつひとつ明確にしていきましょう。私も同じ疑問を持ち、一〇年研究してようやく納得する答えが見つかったので、その研究結果をシェアしています。

他にもいろいろなチェック方法や答えがあるかもしれません。問題にフォーカスせずに、どうすればうまくいくかにフォーカスして研究してみてください。もし、お会いする機会があれば、チェックさせていただきますので、遠慮せずにお気軽に声をかけてください。

茜

回路が開いているか、自分でチェックできますか？

青木

もちろんできます。まず、「伝授された〇〇エネルギー」という「検索ワード」を思いながら、手を身体に近づけて、そのエネルギーが本当に存在するかどうか確認してみてください。反応があれば、そのエネルギーは伝授されていることになります。次に、そのエネルギーが臼井先生の写真からも感じられるかどうかをチェックすれば、それがレイキなのか、それともレイキ以外のエネルギーなのか、違いを自分でも確認できますよ。

茜

レイキの伝授はどうして高額なんですか？

青木

大正時代、臼井先生は、伝授料を五〇円（いまの四〇万円〜五〇万円）にされていました。そのうえ年会費も必要でしたので、伝授を受ける人は富裕層の方が多かったそうです。

きっと臼井先生は、人生をかけて発見した世界初の方法に見合う金額にされたのだと思います。もし、あなたが人類初のものすごい発見をしたら、いくらで教えますか？　私はこの金額を決して高いとは思いません。

いまはどなたでも受講できる金額になっていますが、レイキに興味がない人にとっては、たとえ一円でも高額に感じるかもしれません。私はみなさんに「安かった！　受けてよかった」と喜んでもらえるよう、やり方、在り方をつねに磨き、クオリティの高いレイキをお伝えしたいと思っています。

茜

結局、セミナーに参加しないとレイキは使えませんか？

青木

レイキというエネルギーは、自然のシステムの関係上、回路を開いた人しか使えないようになっています。回路を開くには、修業をするか、伝授してもらうかのどちらかしかありません。

本書では、回路を開いていない人でも使える技法を厳選して紹介しています。まずはそれらを活用し、五戒の実践から始めてみましょう。

もし、もっとエネルギーを感じたい、見えない力を使えるようになりたいという人は、伝授セミナーに参加されたらいいと思います。修業せずに、安全かつ確実にレイキを使えるようになりたい人のために、臼井先生は伝授システムを開発されています。はじめての人は、体験会や入門講座などが全国で開催されていますので、伝授セミナーの前に参加してみてもいいかもしれません。

茜

「オーラレイキ」は新しいレイキですか？　それとも臼井レイキですか？

青木

決して新しいレイキではありません。臼井レイキには、①在り方、②やり方、③エネルギーという三つのポイントがあります。オーラレイキアカデミーは、①臼井先生の理念を継承し、②伝統技法をもとに、現代人のライフスタイルに合わせた新しい活用法を提案し、③臼井レイキ創設当時の、純粋で質の高いエネルギーを伝授しています。

伝統と革新が融合した、新世代の臼井レイキと言えますが、まったく別の理念、別のエネルギーを伝授する発展型レイキではありません。だから、初めての方も実感でき、他のレイキを受けた方も全国から集まっています。

茜

『レイキの教科書』と、この本の回路の数が違うのはなぜですか？

青木

レイキのエネルギー以外にも、回路はあります。前著『レイキの教科書』では、当初の研究で発見した、臼井先生のお弟子さんが見つけたレイキ以外の回路も、あわせて紹介しました。

今回は、最新の研究で、純粋な宇宙の根源から来るエネルギーとつながる回路は七つだけだとわかったので、その七つの回路だけをご紹介しました。

付録2

これだけは覚えておきたい！

レイキ用語集

アチューンメント

一般的なレイキで行なわれている儀式。受講者は合掌した状態で目を閉じて受けます。その間に、後ろから先生が、受講者の頭頂部に手をかざしたり、シンボルを書いたりしてレイキを流します。それから正面に移動し、受講者の手を握ってシンボルを書いたり、息を吹きかけたりします。

回路（かいろ）

エネルギーの出入り口。チャクラのこと。「エネルギーライン」と伝えている先生もいます。詳細は第8章をご参照ください。

鞍馬寺（くらまでら）

鞍馬山にあるお寺。レイキ実践者の間では、パワースポットとして伝えられることがありますが、直接レイキとは関係ありません。

鞍馬山（くらまやま）

京都府京都市左京区に位置する、標高約六〇〇メートルの山。臼井先生が悟りを得るために修業した場所。霊気発祥の地。

呪文（じゅもん）

西洋レイキのマントラのこと。

印（しるし）

西洋レイキのシンボルのこと。印（いん）とは違います。

シンボル

伝統霊気の印のこと。記号、文字、図形などの持つエネルギーのこと。西洋レイキには、四つのシンボルが伝えられていますが、第4シンボルは臼井先生ではなく、林先生か、高田先生がつくったとも言われています。発展系レイキなどでは、その他たくさんの独自につくられたシンボルもあるようです。

西洋式レイキ

伝統霊気と対比して、海外から逆輸入されてきたレイキの総称。世界中にはいろいろなレイキがあり、そのほとんどが西洋レイキです。手当てやヒーリングを主体とし、比較的簡単に先生になれます。

チャクラ

体内にある、エネルギーの出入り口のこと。古代サンスクリット語で、「車輪」を意味します。主要なチャクラは、次のように背骨に沿って七つあり、体内でエネルギーの流れをコントロールしています。

第1チャクラ――会陰（生殖器と肛門の間）
第2チャクラ――丹田（下腹部）
第3チャクラ――みぞおち
第4チャクラ――胸の中心
第5チャクラ――喉
第6チャクラ――額（「第三の目」の位置）
第7チャクラ――頭頂

それぞれのチャクラは体内で、対応する身体の各組織・器官の機能を高めたり、正常に保ったりするはたらきをしています。

なお、西洋レイキの先生の中にはチャクラ＝レイキの回路と思っている人もいますが、チャクラはレイキの回路ではありません。

伝統霊気（でんとうれいき）

臼井霊気療法学会を指します。会員数は五〇〇名弱。伝統を継承するため、外部との交流を避けているので、会員の紹介がなければ入会できません。

発展型レイキ

臼井レイキを学んだ人などが、その後、オリジナルシンボルをつくったり、独自の伝授方法で別のエネルギーを伝えたりしている、新しいエネルギーワークのこと。つまり、レイキと名前はついていても、臼井先生のつくられた臼井レイキではありません。ただし参加条件として、臼井霊気を受けないと、受講できないところもあるようです。カルナレイキ、セキムセイキームレイキ、テラマイレイキなどが有名です。

ひびき

次の「病腺」と同じ意味で使われる場合と、「病腺」のなかでもドクドクとした拍動のような反応だけを「ひびき」と呼ぶ場合があります。

病腺（びょうせん）

相手の身体や自分の身体の、調子の悪い場所に手を置いたときに感じる反応。熱感、ピリピリ、ビリビリ、しびれ、響き、冷感、痛みなど、独特の違和感や、不調和な感覚をおぼえます。

マントラ

音のエネルギー。言霊。伝統霊気の「呪文」と同じです。

レイキ

正式名称は「臼井霊気療法」。霊気が海外に渡って「ＲＥＩＫＩ」になり、逆輸入されて「レイキ」になりました。

エネルギーそのものを意味する場合と、手当てなど、ヒーリングを意味する場合があります。また、流派によって伝えているエネルギーが異なります。

レイキサークル

複数人で輪になって、隣の人と手をかざす形でつながり、エネルギーの流れや手のひらの感覚を感じる練習。伝統霊気の「霊気回し」と同じです。

霊授（れいじゅ）

臼井先生が考案された、合掌瞑想した状態で何度もくり返しレイキを流し、回路を開く方法。海外のアチューンメントは一回で、効果は一生持続すると言われているのに対し、霊授は定期的に受けることで共鳴率を上げるシステムになっています。詳細は第8章をご参照ください。

青木克行 著

1975年福岡県生まれ。船井本社主催・オーラレイキアカデミー校長。整顔セラピー、リフレクソロジー、タイ古式マッサージなど各種ボディワークを修得し、1万人以上のヒーリングを行なう。日本メンタルヘルス協会にて、基礎心理カウンセラーの資格を取得。その後、実兄・青木勇一郎に師事し、心（潜在意識）やエネルギーを活用した、能力・幸運力を高めオーラを輝かせる秘訣を学ぶ。兄とともに、レイキに秘められた極意を研究。癒しから霊的成長まで、今まで多くの人が使っていなかった能力を、誰でも引き出せるプログラムを構築し、目に見えない世界を体感しながら、楽しくすぐに実践できるようになる「オーラレイキアカデミー」を開設。著書に『レイキの教科書』（アルマット）などがある。
オーラレイキ HP http://www.aura-reiki.com/

みをまこと まんが

漫画家。雑誌『りぼん』（集英社）などで活躍。代表作『キノコ・キノコ』は、累計50万部を超えるベストセラーとなった。その後、「香坂鹿の子」のペンネームで、ストーリーものに進出。結婚を機に執筆活動を休止していたが、2015年に復帰を果たす。近刊に、穴口恵子氏との共著『まんがでわかるお金と仲良しになる本』（小社刊）がある。

まんがでわかる
レイキの教室《きょうしつ》

2016年5月16日　第1刷発行
2016年8月7日　第3刷発行

著　者　青木克行《あおきかつゆき》

まんが　みをまこと

編　集　石井晶穂

発行人　北畠夏影

発行所　株式会社イースト・プレス
〒101-0051
東京都千代田区神田神保町 2-4-7 久月神田ビル 8F
TEL：03-5213-4700　FAX：03-5213-4701
http://www.eastpress.co.jp

印刷所　中央精版印刷株式会社

ISBN 978-4-7816-1409-0